外国語としての日本語とその教授法

―言語への気づきを重視して―

石橋玲子 著

風間書房

まえがき

本書は、主に、日本語を母語としている人を対象にしている。日本語母語話者にとって、日本語は自然に身につけた言語であるため、無意識に使用している。どうしてそうなのか考えなくても使用できる。しかし、日本語を母語としない外国人に日本語を指導すると、いかに日本語そのものを知らないかを痛感する。本書では、著者の長年の日本語指導経験およびその学習者たちの言語習得研究などの最近の知見に基づいて、日本語の特徴を外国人に指導する観点から具体的に記述した。また、日本語はよくいわれるように決してむずかしい言語でもあいまいな言語でもないこと、日本語は日本人のものの考え方を表すには適した言語であることにも気づき、日本語を再認識してほしいという願いもある。

本書は、第Ⅰ部と第Ⅱ部に分かれる。第Ⅰ部では、日本語がどのような言語かを外国語話者が学習する視点を重視して論じる。したがって、従来の母語話者のための日本語学などから見た日本語のアプローチと一部異なる。第Ⅱ部では、その日本語を外国語話者にどのように指導するのかについて具体的に述べている。

第Ⅰ部では、言語の一つとしての日本語を客観的に見ると、日本語は言語形式では比較的規則的な言語であること、日本人母語話者のものの見方からはあいまい性がないことを論じている。さらに、日本語は、日本人には意識せずに習得した言語であるため、外国人学習者が日本語の習得の何が困難なのか理解するのが困難である。外国人の日本語習得の誤りを通して、日本語の特色を論じる。また日本語は相手への配慮表現や間接表現が発達している。これは人間関係維持を重視する日本の文化、日本人のものの考え方を表していることを論じている。また、第Ⅰ部の最後の章にその他の日本語の諸相として、日本語の事態把握、主語、複合動詞、オノマトペ、省略語、文体の問題をとりあげ、特に日本語母語話者が気づいていない点について最近の研究の知見などを交えて論じている。第Ⅰ部では一部課題をつけてある。課題は母語話者であれば、誰でもできそうであるが、日常では意識していないことも多いので気づきのためにもためしてみていただきたい。

第Ⅱ部は、日本語を外国語母語話者に指導する際、日本語母語話者が自然に身につけた日本語をどのように指導すればよいかを学習者の習得の視点から具体的に記述している。日本語母語話者が自然に習得して問題としないところが、日本語を母語としない学習者には習得が困難であることに気づき、意識化できるように配慮している。本書の日本語指導の対象者は、第二言語として日本語を学ぶ成人である。特に、日本語を初めて学習する入門期、初級の学習者への指導を中心に扱っている。初めて日本語を指導する日本語母語話者のためにそれぞれの項目について、指導の留意点、導入の仕方、練習の仕方などわかりやすく、丁寧に記述してある。

外国人への日本語指導のみに興味のある読者は第Ⅱ部だけ読んでいただいてもわかるようになっている。本書の特徴は、どのテキストを使用しても初級で扱う項目を網羅していることである。第Ⅱ部は、絶版になっている石橋(1993)『日本語教師をめざす人の日本語教授法入門』（凡人社）の一部に語用論、第二言語習得論、認知言語学などの知見を加えて書き直したものである。

本書は、日本語が自由に使用できる日本語母語話者からみたいわゆる学校文法から日本語を捉えるのではなく、外国語として学ぶ学習者の立場から日本語の仕組み及び日本人社会での実際の使用について日本語母語話者の気づきを深め、指導に役立ててもらうことを目的としている。自然に身につけた日本語を再評価するためにも、多くの日本人に読んでいただきたい。

また、特に、外国語として日本語を指導する指導法についても、学習者の気づきを重視した学習者中心の指導への工夫もこらしている。日本語の基礎的部分の指導をわかりやすくかつ具体的に述べているため、日本語ゼロの入門期、初級の外国人学習者の指導を目指す日本人教師にはもちろんのこと、外国語習得に困難を感じている日本人も外国人の日本語学習から、逆に日本人が外国語を学習する際、何が問題になっているかのヒントになることを願っている。

本書の出版に当たって、本書の執筆目的に多大の理解を示し、出版の労を取ってくださった風間書房の風間敬子代表取締役社長には大変お世話になった。心からお礼を申し上げたい。

最後に、本書の執筆だけでなく、著者の外国人に対する日本語教育及びその研究に常に理解を示し、温かい目で励ましくれた夫石橋繁宏、女性の社会進出の重要性とそのための教育の重要性を教えてくれた母故谷口喜代に感謝するとともに本書を捧げたい。

石　橋　玲　子

目　次

第Ⅰ部

外国語としての日本語

第1章

日本語はむずかしい言語か

日本語はよく他言語に比べてむずかしい言語だと思われている。したがって、日本人の多くは、外国人には日本語はむずかしいから上手に話せないはずだと思い込んでいるきらいがある。特に、一見西洋人と思われる顔だちや目の色、髪の色の人が通りなどで話しかけてくると、外国人イコール西洋人はむずかしい日本語は話せないだけでなく、外国人はイコール英語を話すというイメージももっているためか、日本語で質問しているにも関わらず、“No English.” や「エイゴ　ワカリマセン」などと対応することがある。相手が上手に日本語を使用していても、答える日本人は、助詞が脱落した、単語羅列型のいわゆるフォーリナー・トークと言われる日本語で話したりする。

しかし、日本語を外国人に指導した経験から日本語を考えてみると、日本語は他の言語に比べて、文法などは例外が少なく、動詞なども規則的な変化をするため、初期の学習者には学習しやすいといえる。月曜日から金曜日まで毎日３時間集中で学習すれば、半年で日本語のいわゆる初級レベルに達する。初級レベルとは、複雑ではない日常的な会話ができるレベルである。もちろん、日本語が話されている日本で日本語を学習するという学習環境の場合である。

というのは、以前ヨーロッパの国の学生で５か国語ができる学生を指導したことがあるが、その彼女が日本語の規則はやさしいと述べていた。それでは、規則以外はどうかと問うと、敬語などの使い方は非常にむずかしいとのことだった。日本語も彼女が話せる５か国語の中に入るが、母語のほかに４か国語を習得したうえでの発言なので、学習者としての実感であろう。日本語と比較すると、英語のような言語は、動詞の過去形などに不規則変化が多いし、名詞は単数、複数があり、こちらもただ複数形には語尾に ”s” をつけるだけでなく、不規則も多い。日本語の動詞の不規則は「来る」と「する」だけであるし、名詞そのものには複数形がないので、「本」だけで１冊も数冊も表現できる。しかし、日本語を母語とする日本人は日本語は外国人には習得がむずかしいと考えることが多い。なぜであろうか。

確かに英語などを母語とする学習者には漢字がむずかしいと感じるからかもしれない。表音文字のアルファベットには文字に意味がないが、漢字は意味を表し、その数も多い。また漢字には読み方がいくつかあり、一つずつ覚える必要がある。また、似た字形も多いから、外国人学習者にはむずかしいといえるかもしれない。しかし、漢字は基本的な300から500の漢字を覚えてしまえば、大変語彙習得に便利なものである。例えば「学ぶ」という漢字を学び、学ぶ建物で「学校」を覚えれば、「小学校」「中学校」「大学」と語彙が拡張できる。これを漢字ではなく、[gakkoo]、[shoogakkoo] または、ひらがなを学習した学習者が「がっこう」「しょうがっこう」と音を表すアルファベットやひらがなで覚えるのは大変である。漢字は語彙拡大のストラテジーとして便利な文字であるといえる。

日本人だけでなく、どの国の人も母語は乳幼児から成長する過程で無意識に習得し、通常、誰でも３歳から４歳で話せるようになる。文法などの規則から学ぶわけではなく、家族や地域社会などの人間関係の場面の中で無意識のうちに習得する。日本語では、無意識に習得したものであるため、助詞などが外国人学習者にとってなぜむずかしいのかわからないし、助詞の使い分けなどで質問されても、説明するのは困難なことが多い。たとえば、助詞の「は」と「が」の使い分けなどは、なぜと聞かれても答えられないことが多い。しかし、母語話者は、この文脈では「は」がよく、「が」はおかしいということはわかる。

例えば、「山田さんはどこですか。」「あそこに山田さんはいません。」「ブドウはすきですが、ナシはきらいです。」これらの助詞「は」に「が」が使用できないのはなぜか。

「山田さんがいます」と「山田さんはいます」とどうちがうのか。「月は丸い」と「月が丸い」とどうちがうのかと質問されても答えに窮するであろう。

助詞がある言語は、日本語と韓国語であるといわれている。その他のほとんどの言語には助詞と呼ばれるものはない。助詞のない言語では、その代わり、語順が決まっていることが多い。つまり、主語、動詞、目的語の順序などのように語順がきまっているため、助詞は必要ないといえる。いや、日本語も主語、目的語、動詞の順ではないかという人がいるかもしれない。しかし、日本語の場合、語順は絶対ではない。助詞があるために、助詞をつければ目的語が文の先頭に来てもよいし、主語が省略されても理解可能である。文法的に不適格ではない。

例　昨日の夜私はワインを飲んだ。

　　ワインを（私は）昨日の夜飲んだ。

日本語の場合主語がなくとも、文脈から理解される場合は省略可能である。または、主語をいわないのが普通である。しかし、英語の場合などは主語がない文は英語の文とは言えない。なぜ日本語では必ずしも主語が必要ではないのかを、ものの見方から文法を論じる認知言語学では日本語では述べる事態の中に話し手がいるため、その場合話し手である「私」は見えないため、特に「私」は使用しないのだと論じている（池上,2009）。

主語については、後の章でも述べる。

このように文法の中には学習者の母語との違いがあり、学習者がむずかしいと感じるものもあるが、一般的に言って、日本語では比較的基礎的な文法には規則性があり、習得がやさしいほうである。文法の規則性についても、後ほど述べることにする。

それでは何がむずかしいのかというと、これも日本語を母語としている日本人には無意識に場面に従って使用しているのでわからないのだが、日本語では、必ずしもすべてを言語化しないということである。つまり、コンテクスト（文脈や場面）に依存していることが多く、コンテクストからわかることはわざわざ言語化しなくてもよいのである。

また、他の言語と大きく異なる点は、話し言葉の場合、話し手が話し、聞き手が話し手の話し終わるまでただ聞いているのではなく、話し手と聞き手が会話を共に作り上げていくことである。水谷（1988）はこれを「共話」と呼んで日本語の特徴であると述べている。「共話」とは欧米的な「対話」に対置させて、「一つの発話を必ずしも一人の話し手が完結させるのではなく、話し手と聞き手の二人で作っていくという考え方に基づく」話し方である。日本人は相槌をよくうつ。相槌も「共話」の考え方の一つであろう。

A：昨日ね。
B：うん。
A：高校の友達にあったの。
B：そうなの。
A：その人ね。
B：うん。
A：ずいぶん変わっていたのでびっくりしちゃった。
B：そうなんだ。それでどう変わっていたの。

つまり、話し手と聞き手は相槌で「うん」「そうなの」など「あなたの話を聞いていますよ。どうぞ続けてください。」の意味で、相槌を多く打つ。しかし、外国人学習者の場合は相手の話が終わるまで、口をはさまないのが通常であり、口を挟むと会話を遮っていると思われるためか相手の話が終わるまで原則的には待っている。したがって、日本人からすると、相槌がないと特に話し相手がみえない電話などでは、相手が聞いているのか確認したくなり、「聞こえていますか」などと間にいれないと話し続けるのが不安になる。

また、初対面でお互いが紹介しあうときは、目の前に相手がいるのであるから、「わたし」や「あなた」は必要ない。

Ａ：○○の田中です。

Ｂ：××の山下です。

Ａ：どうぞよろしく。

Ｂ：こちらこそ。

主語の「私」は必要ない。「私は○○の田中です」というときは、「△△の田中ではなく○○の田中です。」という意味あいになる。

上司に「今晩いっぱいどう？」と言われた部下が「今晩は……」と下げ調子でいえば、上司は「今晩はだめか。じゃ都合の良いときまた飲みにいこう」となる。

二人の間では、お互いの話す意図を察して、最後まで部下が行くか行かないか言語化せずとも、言葉の調子から断わりであることを察し、上司が「ダメか」と答えている。また、前述した自己紹介の例のようにだれが話しているかのように分かっている場合は、わざわざ主語を言語化する必要もない。また、上司の発話にみるように部下が言語化していない断わりの部分を推察して話している。日本の文化の中で育たないとどのように会話がなりたっているのか理解できないことが多いだろう。日本語を母語としない学習者にとって言語に示されていないものを察しながら、話を進めていくのはむずかしいことのひとつである。

さきほど日本語はすべてを言語化しなくてすむ言語だと述べた。英語のような他の言語と比べて、場面に依存しているといわれる。英語などの言語は場面に依存するより、言語に依存しており、情報などをできるだけ言語化する。低コンテクスト（文脈、場面）の言語といわれる。一方、日本語は、場面・コンテクストに依存していることが多いので、場面からわかることは言語化しない。場面・コンテクストに依存する高コンテクストの言語といわれる。つまり、言語でなく場面などから「察する」ことが要求されるため、日本の文化は「察し」の文化だといわれる。「察する」ことにより表現も直接的な表現が避けられ、間接的な表現が発達する。また、間接的な表現ほど、相手のメンツを立てたり、相手を思い、一目置くことにより尊敬の意を表す。後で詳しく論じるが、他人に「食べる」かどうか願望を尋ねるのに「食べたいですか」とはいわない。「いかがですか」とか「どうぞ」という。特に、先ほどの部下の断わりのように否定的な表現はなるべく相手に察してもらい、自分では言語化しない。これは、子供のときからそのような言い方をされて育ってきているという。

例　小さい子供が執拗に親戚のお姉さんにお菓子を食べるようにさしだしていると

お母さん：おねえちゃん、おなか一杯だって。

（いらないといわずに、もうやめるように婉曲的に言っている。お母さんの意図はやめなさい）（Clancy, 1986）

日本語の文法などは規則的だが、このように相手や場面に応じて自然で適切な言語使用は、具体的にどんな言語使用しているのか母語話者にもわからないことが多い。子供の時からそのような文化の中で親や周りの大人のいうことから自然に使えるようになるからである。しかし、最近の若い人などの中には、残念ながら間接的な表現などが通じないことが多くなっている。しかし、日本語母語話者であれば、程度の差はあれ間接的な表現はしている。これは、後で述べることだが、単に場面や文脈（コンテクスト）に依存しているというだけでなく、間接的な表現で、または言語化しないことにより相手を大事に思い、相手に敬意をはらうことを示している。相手との人間関係を良好に維持したいための言語活動である。日本語が情報を正確に伝える文化の言語ではなく、人間関係を重視する言語であることがわかれば、言語化しないことや間接的な表現は決してあいまいなのではない。大事にするものが、情報か人間関係かの違いである。日本語を母語としない外国人などの発話で文法的には間違っていないが、場面に適切ではなかったり、直接的な表現がなされていたりすると、日本語母語話者は、なんとなく、違和感やイラッとする不快感を感じる。場面にあった適切な言語使用をするのは決して学習者にとってやさしいものではないし、日本語を母語としている日本人教師も無意識に言語使用をしているので気がつかないことが多く、指導項目に入れていない場合が多い。このような、言語運用については、理論言語学のような言語そのものの研究ではなく、実際の言語使用を研究する語用論や応用言語学、社会言語学での研究の成果で少しずつ明らかになってきている。

日本人は母語として無意識に日本語を習得しているため、なぜそのように使用するのか説明できないと述べたが、これは文法だけでなく、なぜそのように使用するのか、なぜそのように使用しては、文法的には誤用ではないが、相手に不快感を与えるのか説明することは困難なのである。

例えば、「～たい」の願望表現は、英語では‘to want’で表し、人称の制約がない。しかし、日本語には使用に人称制約がある。「李さんは日曜日に買い物がしたいです」とはいえない。つまり、「～たい」は一人称には使用できるが、三人称の主語には使用できない。

また、使用面でも目上の人などに「先生、これ食べたいですか」とはいえない。それでは、敬語を使用すればよいのかというとそれもできない。「先生、これお食べになりたいですか。」とか「先生、これ召し上がりたいですか。」は適切ではないのである。これらは、目上の人の願望を聞くには直接的表現であり、日本語では失礼な聞き方になる。この場合、婉曲的に「先生、これいかがですか。」とか、「どうぞ」となる。このような適切な日本語の使用は、文法を正確に駆使できたとしても、習得がむずかしい面である。また、なぜ婉曲的な表現をするのかの意味を知っている必要もある。日本人の言語表現は、英語のように情報伝達が中心というより、人間関係を良好に維持する目的で使用する傾向があるということを理解していないと、日本語は不明確とか曖昧とかいうことになる。しかし、このような人間関係を良好に維持するために日本人が場面でどのような表現を使用しているかについては、誰が誰に対してどういう目的で何をなどが影響しており、まだ十分に研究されてはいない。

日本語は、文法の規則など形態的には規則性が高く、習得はむずかしくはない。しかし、日本の社会での適切な使い方、つまり、人間関係を良好に維持する言語使用となると、やさしいとはいえない。文法などの規則性については章を改めて説明する。

第2章

日本語はあいまいな言語か

「日本語はむずかしい」のほかに、よく「日本語はあいまい」という人がいる。英語母語話者にとっては、名詞を使用する場合、一つ存在するのか、二つ以上の複数のものを話題にしているかは、文法的に非常に重要であり、必須である。さらに、それが話し手と聞き手に共通の知識なのか、そうでないのかで‘a’、‘the’の冠詞が決められ、これが決まらないと話が進められない（井出、2006）。他方、日本語では、何個あるのか、それが、話し手と聞き手に共有されているものかどうかはあまり問題でなく、その点ではあいまいのまま話すことができる。

昨日、リンゴを買ったんだ。

I bought some apples yesterday.

日本語では、リンゴを買ったことが大事であって、特に何個か言及しなくても、文として適切である。しかし、日本語で個数を言う必要があるときは、助数詞というものが発達しており、使用することはできる。

ジャムを作るために、リンゴ2個と砂糖500グラムを用意した。

このような助数詞は発達しており、鉛筆は「一個」ではなく「一本」を使用する。つまり、修飾する事物の属性などにより使用する助数詞が決まっている。また、「本（hon）」などは、前に来る数詞によって若干音に変化が起こる。一、六、八、十などの後では「本（pon）」となる。一本は［ippon］となる。また、三の場合は「本（bon）」と発音する。三本は［sambon］となり、外国人学習者にとって助数詞の数が多いため、覚えるのが大変であるが、日本語そのものは通常名詞の前に数詞は使用しなくてもよい言語であるため、よく使用する名詞だけおぼえておけばよいだろう。人を数えるときは「人（nin）」であるが、これも初めの一人、二人は不規則であり、「ひとり、ふたり」となり、そのあとは「三人（san-nin）」「四人（yo-nin）」となる。名詞語彙の質や機能などにより助数詞が発達している。

藤井（2005）によると、日本語の助数詞は名詞だけでなく、動詞のカテゴリーとも関連するという。英語では破壊する意味をもつ‘to break’一つでいろいろなものを破壊する意味に使用される。例えば、‘to break a glass’、‘to break a branch’、‘to break a piece of paper’、‘to break a toy’など、すべて動詞‘to break’で済むが、日本語では、「コップを割る」、「枝を折る」、「紙を破る」、「おもちゃを壊す」と何をどのように破壊するのかにより、種々の動詞を使用する。また名詞語彙の質や機能などにより助数詞も異なる。

割る　：	コップ	一つ、ガラス　一枚
やぶる：	紙	一枚
折る　：	枝	一本
壊す　：	おもちゃ	一つ、車　　一台

このように考えると、名詞の捉え方が異なるだけで、一概に複数形がないから、数の認識があいまいで、あいまいな言語であるということはできない。

言語にあいまいな言語があるのだろうか。Everette（2008）という神父がブラジルのアマゾンに住むピタハンという近代文明から取り残された民族にキリスト教の布教に行き、聖書の翻訳のためピタハンの言語を研究した。その結果、彼らの言語には、過去、現在、未来の時制がないという。したがって、過去のキリストの話は彼らにとって、意味がなく、現在に生きているだけで、大変幸せに生活しているという。色をあらわす言葉が少ないが、認識できないのではなく、必要ないらしい。数を表す言葉もないのはアマゾンのその地域に生活するには必要がないのであろう。言語があいまいかどうかは現代の一般的な言語の基準から判断するのではなくその文化の基準から判断すれば、現在だけで、過去、未来を表す時制がないのは、ピタハンの生活には時制があいまいなのではなく、現在の経験のみを重要視する生き方、考え方をしているからである。彼らの言語の存在は、言語の普遍文法を主張するチョムスキーの生成文法を覆すものである。すなわち、言語を作るのは本能ではなく文化や世界観なのではないかという問題提起をしている。現在の脳科学の進歩で言語使用の際の脳の活性化の状況が明らかになり、人間に生得的な言語能力はなく環境のインプット、言語による相互交渉がなければならないとする言語環境論のビゴツキーなどの言語習得論には不利にはたらきつつあるが、ピタハンの言語をみるとチョムスキーの言語生得論も文化などの環境を無視した言語習得論ということになるかもしれない。言語はヒトという種族の人間にのみ存在する能力であることは確かであるが、なぜ、ヒトのみ言語を使用し、コミュニケーションできるのかの説明にはまだ時間がかかりそうである。生得的な要素と環境的な要素の両方がからんでいることはたしかであろう。なぜなら、ヒトであれば、どこに生まれても、言語を習得できるからである。

　また、日本語は最後まで言わないのであいまいだという。

　次の会話を聞いてみよう。年上のあまり親しくない友達からの誘いである。

　　　Ａ：今晩久しぶりに　どう？　カラオケでも

　　　Ｂ：ちょっと　今晩は……

　日本人はほぼ全員これだけの会話から誘いを断っていることがわかる。「ちょっと」のような表現を配慮表現という。前に述べたように日本語ではなるべく断りのような否定表現は誘っている相手の気持ちを損なう恐れがあるため最後の否定的表現までいわない。「ちょっと」のような配慮表現と、ゆっくり下げていく音調でカラオケに行くとも行かないとも答えていないのに発話意図がわかるのである。日本語を学習している外国人にとっては、「ちょっと」だけでは返事になっていない。返事があいまいであると考えるであろう。確かに最後まで、答えていないので、カラオケに行くのか行かないのかは、話された語からだけではわからない。しかし、日本人は「うーん。ちょっと……」とゆっくりとした下降調を聞くだけで断りであることがわかるため、最後まで言わなくても、誘った人間は

A：あー都合が悪いんだ。

と、勝手に断りの後半の部分を言ってくれる。誘われたほうでは、はっきり言葉で断る必要がないため、誘った相手との人間関係を傷つけることがない。

B：そうなんです。すいません。今度また誘ってください。

A：じゃ。今度ね。

のような会話が続いていく。

もし、はっきり次のように答えられたらどうだろうか。

B：申し訳ないけど、今晩6時に山田さんとの約束が入っていて行けません。

お詫びも言っているし、行けないとはっきり言っているし、その理由も言っているからよいではないかと、特に日本語の学習者は答えるだろう。また、日本人も文法的にも誤りはないし、「申し訳ないけど」と言っているから、語用論的にも問題ないと思うだろう。しかし、日本人の言語使用を考えると、せっかく誘ったのに行けないかのほかに何となく、はっきり理由を言い、行けないといわれるととげとげしい印象を受ける。このレベルの日本語使用になってくると、母語話者もそう感じる理由がわからないし、意識もしていない。ただし、なんとなく、あまりいい気はせずに、中には次に誘いたいと思わなくなるかもしれない。なぜだろう。

日本人の言語使用の根本にあるのは正しく情報を伝達したりすることではなく、良い人間関係を継続維持していくことが第一であると、感じているからである。そう考えると、日本語は話し手と聞き手が作っていく水谷(1993)のいう「共話」であるというのも説明がつく。特に、断わりのよう

な嫌なことは自分で言わずに相手が言ってくれて、それに「そうなんです」と答えるほうが気が楽だし、理由を述べる必要もない。このような場合、日本語では、理由にあまり言及しないことが多い。

こう考えると、日本語の運用はあいまいでむずかしいと感じるかもしれない。しかしあいまいなのではなく、相手のことを思って婉曲的に断っている。日本語は「相手思いの言語」であると考えれば、決してあいまいなのではなく、英語などの言語と違って、何を言ったかではなく、何を言わないかの言語といえるかもしれない。

また、知人と道で出会った場合、いつもと違う時間帯に出会ったり、いつもの服装とちがったりすると、「どちらへ」と聞くことがある。この場合も「デパートに買い物に行くんです」とか「病院に行くんです」など言う必要はない。この場合もニコッと微笑んで「ちょっと」といって通り過ぎればよい。つまり、聞いている相手は行き先を言及しているのではなく、挨拶の一種なのである。黙って通りすぎるより、何か言うことにより、その人に関心があることを示しているといえる。

だいぶ前の話であるが、長野県の教会に赴任した外国人牧師の奥さんが「日本人は会うたびになぜ行先を詮索するのか」と疑問に思っていたそうである。聞かれるたびに一々「どこどこへ行きます」と答えていたという。このような場合挨拶の一種なのだから日本では「ちょっと」といえばいいのだと答えたら、納得した。つまり、出会ったときに「こんにちは。どちらへ」は、あなたは私の知人の一人で関心があり、好意を持っていることの印であると言えよう。

すなわちコミュニケーションの基準が表現された言葉か、言葉だけでなく言葉に表わしていないことを含みそれを察してもらうのかが異なる。基準が異なると思えば、日本語から見るとあいまいな言語ではなく、そのような表現をすることのほうが、日本の社会でのよい人間関係を維持していく重要な基準なのである。ともすると表出された言葉だけで言語があいまいだとか、判断されがちであるが、その言語を話す文化では、その社会が持つ言葉の意味が異なるし、その文化では言葉以外のものがコミュニケーション上大事であれば、言葉だけ比較しても意味がないといえるかもしれない。日本語では、断わりのような言語行動は、何か頼み事をした時の断わりでも、誘われた時の断わりでも相手の気持ちを害する可能性があるので、言葉で表しても、前述したように途中まで言って、あとの断わりの部分を依頼者や誘った人に言わせる。または、後で述べる配慮表現といわれるものや、婉曲な表現をとるなどの手段を用いることによって、依頼してきた人や誘った人の気持ちを害するのを避ける。これは、その人とのこれからの人間関係を良好に維持していきたいという気持ちの表れである。こんな例がある。学生にスペイン人の学生がおり、英語専攻であったため、英語が流暢で、日本では英語の個人教授をしているという。彼によると、日本人は続いていた個人授業のレッスンを断るときに、みな一様に「時間が無くなったので、申し訳ない」とメールで断ってくるといった。他に理由がありそうなものなのに、いつも同じ理由で能がないと述べた。すると、それを聞いていたアジア系のほかの留学生は、私もそのような場合、断るとしたら、同じように時間がないというだろうという。本当の理由は授業がよくないか、習っていても上達しないのかもしれない。しかし、相手の教師を傷つけたくないと思えば、一番無難な「時間が無くなって」と自分のせいにする。これは、特に日本人は、相手の人間関係を悪くしたくないというからだろうし、日本人でなくても断られた人の気持ちを考えるとこのような答えかたになるのではないか。言葉を使うということは、ただ真実を伝えるだけではなく、相手の気持ちも考えて伝えるため、場合によっては、真実でなかったりするであろうが、断る行為はそれで果たしている。

もちろん、断わりの際、日本人はいつもあいまいに答えるわけではない。はっきり断る必要がある時で、その人より年上だったり、権力があったり、断っても人間関係を継続する必要がないビジネスの場合では、はっきり言うであろうが、それでも、「行けない」などの言葉を使わずに、「悪いね」とか「申し訳ないが、」「せっかく誘っていただいて申し訳ないのですが」などの詫びの言葉を言う。特にこのような、言語行動については、談話分析などの語用論の研究から明らかになっており、日本語と中国語、韓国語などとの言語話者との違いが一部明らかになっており、言語だけでなく、断るという行為がその言語を使用する文化ではどのような意味があるのか、それを聞いてどう思うのかなど、言語だけの問題ではないようである。ただ、外国語として、日本語が話せるというのではなく、日本人と適切で効果的なコミュニケーションを行うためには、その言語を話す文化や人間の深い理解が必要だということになる。このようなレベルの言語使用は外国人の場合、日本語があまりできないと母語話者の日本人が感じている場合は問題ないのだが、上級になると、できるのにあえてそのような表現をしていると、とられる危険がある。日本語の能力がつけばつくほど、自分の意図していない感情などが言語使用から伝わっている可能性があることに気づくことが望まれる。なぜなら、日本人は訂正するのは失礼だと考えるからである。

このようなレベルの言語使用は外国人だけでなく、日本人でも最近はむずかしい。人間関係がうまくいかない理由の一つになっている可能性がある。最近の若い人にはコミュニケーション能力がない人が増えているといわれる。言語の使用能力はあるが、このような相手との人間関係の構築、維持に無関心になっているのが一因ではないかと思う。相手の言わんとすることの意図を「察する」というのは、単に場面がどうというより、相手への敬意、関心が言語行動の基底になければ育たないであろう。したがって外国人であっても、このような日本語に気づけば、習得は可能であると考える。最近は日本の社会にすっかり溶け込んで、生活している外国人も多い。そのような人の日本語を聞いていると、日本人と遜色がない配慮のある言語表現をしている。

第3章

日本語文法の規則性

前の章で日本語の文法などは英語などの言語と比較すると、規則的で習得しやすいと述べたが、どのように規則的でやさしいのかを名詞、形容詞、動詞の品詞別に具体的にみていきたい。日本語母語話者にとっては、品詞というと国文法を思い浮かべるかもしれないが、母語話者を対象とした国文法ではなく、外国人が学習する日本語の観点からとらえなおす。日本語を初めて学ぶ外国人になったつもりで読んでいただきたい。課題を付けた問題は、母語の日本語の意識化するのに利用してほしいが、飛ばして読んでいただいても結構である。

3.1 名詞

名詞は実体的意味を持つ単語で形が一つで単数、複数を表す。「つくえ」は英語のように複数形がない。単語を重ねて「山々」「人々」ということができる単語はあるが、特殊といってよいだろう。ほとんどの名詞は、一つの形で単数も複数も表すことができる。「お菓子を食べた」は一つでも二つでも同じ「お菓子」でよい。それでは、具体的に3個食べたことをいいたいのであれば、「お昼を食べたばかりなのに、お菓子を3個も食べた。」と言える。

助数詞に数値をつけてあらわすが、複数になったからといって、「お菓子」の語尾が異なる形をとるということはない。

ドイツ語のように男性、女性、中性の性を持つこともない。名詞を記憶するときに、性を考える必要もない。英語のように物質名詞を分けることはないので、「水をください」でよい。英語のように “Please give me a glass of water.” や “Can I have some water?” と何に入れてほしいのか、どのくらいほしいのかなど言わなくても文として通じる。

また、名詞には定冠詞や不定冠詞などの冠詞をつける必要もない。日本語は名詞が多いが一種類覚えればよいのであって、複数形や性を覚えなくてもよいし、冠詞などもない。日本語の名詞がこのように単純に使用できるので、日本人には複数形や性、冠詞がつく外国語の習得がむずかしく感じるのである。英語のネイティブに近い人はよいが、そのほかの多くの日本人は英語では上級になっても、特に冠詞の使用法には頭を悩ますし、書いた文章での誤用の訂正は名詞の冠詞や複数形が最も多いといわれる。

また、使い方であるが、固有名詞の人名も日本語の場合、「さん」「様」などの敬称を名詞の後につければよく、手紙を書く場合相手が女性か男性かは問わない。女性でも男性でも親しいかどうか、フォーマルなものかどうかで「○○さん」「○○○○様」でよい。初めての人であれば、「様」一つで間に合う。しかし、英語などは、‘Miss’ ‘Mrs.’ ‘Mr.’ を選ばなければならない。面識がない場合で名前しかわからず、その名前から男性か女性か推測ができない場合、手紙の宛先を書くのに困る。

代名詞に関しては、日本語の一人称を表す代名詞が多い。「私」、「わたくし」、「あたし」、「僕」、「俺」、「わし」などあり、英語では ‘I’ の一つだから簡単だと反論が起こるかもしれない。確かに「私が行くよ」、「僕が行くよ」、「俺が行くよ」、「わしが行くよ」、「わたくしが行きますよ」と言え、複雑だが、話し手の性別、年齢、場合によっては職業などもわかる。男性が通常使用する「僕」や「俺」、年齢の高い男性の中には「わし」を使用する人もいる。女性が使用する「私」、「あたし」、「わたくし」などと分かれる。しかし、日本語を学ぶ外国人なら、「わたし」一つ覚えれば十分、社会的に問題がない。ビジネス場面では、男性でも「僕」、「俺」は使用しないからである。

このように日本語の名詞そのものの習得や使い方はむずかしくないが、日本語は語順が英語のように固定していないので、名詞を使用する際、文の中での名詞の役割を示すために助詞を必要とする。日本語の名詞は、多くの場合、格助詞「が」「を」などを伴って文の主語や目的語などの成分の中核部分になる。英語のように語順が決まっていない日本語では、助詞がその働きをしている。日本語を学ぶ外国人にとって、名詞はやさしいが、その名詞に助詞をつけて、主語や目的語を表したり、動詞には、その前にとる名詞に必要な助詞をつけ名詞句とする必要がある。助詞は日本語の習得の困難点の一つである。

　　金曜日<u>に</u>　山田さん<u>は</u>　東京駅<u>で</u>　田中さん<u>に</u>　会うことになっています。

例えば、金曜日などの時を表す名詞には通常助詞「に」がつく。「一月に」「15日に」「３時半に」「水曜日に」「2017年に」などである。

しかし、例外もある。「今朝」や「午前」「毎日」「夕方」などには助詞がつかない。「今朝に電話がありました。」とは言わないのである。

「山田さんは」と「山田さんが」では少し意味が違うであろう。同じ主語だろうと思うかもしれない。

　　ａ）山田さんは　田中さんに会うことになっています。

　　ｂ）山田さんが　田中さんに会うことになっています。

ａの「山田さんは……」の場合は、山田さんはどうなのかというと会うことになっていますとなる。ｂの「山田さんが……」の場合は、ほかの誰でもない、田中さんが会うことになっていますとなる。助詞については、外国人が日本語を学習する際に習得が困難な文法項目の一つであるため、日本語を指導する観点から後で詳しく論じる。

また、名詞は文末で表１に示すように普通形では「－だ」、丁寧形では「－です」をとって、名詞述語文を作り、文の述語になる。名詞述語文は文

表1　名詞述語文の文末

丁寧形	普通形
学生　です	学生　だ
じゃ（では）ありません	ではない
でした	だった
じゃ（では）ありませんでした	ではなかった

末が活用するが、活用は規則的であり、例外はない。

名詞ではないが、学校文法などにおいて用いられる形容詞と同じく物の性質や状態などを表す形容動詞といわれる、「きれい」、「ゆうめい」なども「きれいだ」「ゆうめいだ」というように名詞と同じように「－だ」「－です」などを伴って文の述語になる。その際の文末活用も名詞と同じである。

「美しい」や「かわいい」は形容詞で日本語では英語と異なり、文末で活用する。英語の場合は形容詞に過去形や否定形はない。形容詞の前の be 動詞が過去形や否定形をとる。しかし、日本語の場合形容詞述語文は活用する。名詞述語文とは異なる活用をし、「美しいだ」とは言わないし、過去形も「美しいだった」ではなく、「美しかった」となる。

それでは、名詞と同じ文末活用をする形容動詞の「きれい」や「ゆうめい」と名詞の違いはあるのだろうか。名詞の修飾を考えてみよう。「本」という名詞を名詞「日本語」と形容動詞の「ゆうめい」で修飾した場合どうなるであろうか。日本語を母語とする日本人には意識せずに修飾できるのであるが、違いとなると実際に修飾してみて意識することになるのではないだろうか。

日本語　の　本

有名　　な　本

名詞を修飾する場合、「の」で接続するか、「な」で接続するかの違いである。

ちなみに学校文法の形容詞は「おもしろい」は「おもしろい本」のように直接修飾する名詞に接続する。

学校文法で使用する形容動詞という品詞名は、動詞となっているので動詞のグループのようなイメージがある。実際は文末での活用は名詞と同じであり、名詞の修飾では「の」ではなく「な」をつけて修飾する違いがあるだけである。形容動詞は、述語文での活用や、名詞修飾が名詞に近いということから、日本語教育では、形容詞的名詞（adjectival noun）と呼ばれることもある。

外国人に日本語を指導する場合にはなるべく文法用語を使用しないで指導する。日本語教育では、通常、形容動詞は、名詞を修飾することから形容詞扱いとし、名詞を修飾する場合に必要な「な」を使用するため「形容詞」の前に「な」をつけて「な形容詞」という。学校文法の「美しい」、「暑い」、「高い」などの形容詞は、語尾が「い」で終わり直接名詞を修飾するので「い形容詞」と呼んで分けている。

名詞も「な形容詞」も文末での活用は規則的で例外がない。したがって、名詞であるとか「な形容詞」であることがわかれば、文末活用で現在の肯定、否定、過去肯定、過去の否定表現が言えるのであるから、規則的である。

また、名詞を修飾するにも例外がない。名詞が名詞を修飾する場合は「の」をつけて修飾する。ただし、修飾する名詞は前に置かれ、修飾される名詞は「の」の後に来る。

この修飾の仕方にも例外がない。日本語では名詞を修飾するのは、名詞でも形容詞でも動詞でも文でもすべて修飾される名詞の前に来る。英語などでは、関係代名詞などは名詞の後に来るが、形容詞は名詞の前に来るなど、名詞の修飾語句が名詞の後にきたり、前にきたりする。これに比べると日本語の名詞の修飾は規則的である。

次に日本語の形容詞について外国人にとって学習しやすいのか、何がむずかしいのかを考えてみよう。

3.2　形容詞

まず、形容詞と言える語彙を思いつくまま、記述してください。

【課題１】　１分間にいくつ形容詞を記述できますか。

【課題２】　グループで実施した場合、自分が記述しなかった形容詞を挙げたものを追加してください。

【課題３】　形容詞としてリストアップしたものに形式的な特徴がありますか。あったら特徴を書いてください。

注意：形容詞はどういうものを形容詞というのか。

形容詞には名詞を形容する性質があるが、ちかいものに「大きな」や「小さな」があるが、これらは学校文法で連体詞といわれるもので、形容詞ではない。

【課題４】「大きな」や「小さな」は、なぜ形容詞ではなく、連体詞という別の品詞に属するのでしょうか。

形容詞としてたくさんの語彙がリストアップされたと思うが、形式的な特徴は何であろうか。

さむい、おいしい、いそがしい、おもしろい、あかい、はやい、ながいなど。

学校文法の形容詞の終止形は日本語教育では、基本形、辞書形とよぶ。形容詞の辞書形は「イ」で終わる。

形容詞としてリストアップしたものに、「きれい」があれば、確かに辞書形は「イ」で終わるが、「きれい」は形容詞ではなく、学校文法では形容動詞に属する。日本語教育では「きれい」のような形容動詞は名詞を修飾する際、「きれいな花」のように「な」が名詞の前に必要なため、いわゆる形容詞は「い形容詞」、形容動詞は「な形容詞」と呼ぶ。

【課題５】 形容詞と形容動詞（な形容詞）をできるだけ多くリストアップして、形からの違いを探してみましょう。

い形容詞　あかい、いそがしい、さむい、おそい……

な形容詞　きれい、ゆうめい、ていねい、……

「な形容詞」は発音すると語末が「－eイ」になることが多い。語尾が「－イ」でも「い形容詞」ではない例外がある。「めいかい」は、発音すると「－aイ」となるが、「な形容詞」である。な形容詞は、漢字熟語で表記されることが多い、「有名」「丁寧」「明快」「聡明」などは「な形容詞」つまり、学校文法の形容動詞である。

日本語を母語としている日本人は語彙と一緒に使い方も習得するので、特に分析して考えることがない。「有名だね」とか、「有名な人」などのように習得するので、「有名だ」、「有名な」でなぜそうなのかは考えることもないであろう。

3.2.1　活用

日本語の「い形容詞」は文末で活用する。英語では be 動詞が活用し、形容詞自体は活用しない。「い形容詞」と「な形容詞」は名詞修飾だけでなく、活用も異なる。名詞のところで述べたように、「きれい」などの「な形容詞」は名詞の文末と同じ活用をする。

それでは「い形容詞」の活用は文末でどのような活用をするのだろうか。名詞と同様に丁寧体と普通体に分けると以下の表２に示すようになる。

表2　形容詞述語文の文末

丁寧体	普通体
暑いです	暑い
暑くありません／ないです	暑くない
暑かったです	暑かった
暑くありませんでした／なかったです	暑くなかった

例外は「いい」の一つだけである。

いい	いいです	いい
	よくありません／ないです	よくない
	よかったです	よかった
	よくありませんでした／なかったです	よくなかった

このように活用は規則的であるが、日本語学習者は誤用を起こす。形容詞に日本語教育では「い形容詞」と「な形容詞」があり、どちらであるか習得しないと、以下のような誤用を起こすことが多い。特に、「きれい」など「美しい」「かわいい」などと意味的にも近い「な形容詞」は、「い形容詞」の活用をしてしまうことがある。否定形では「きれくない」「きれくありません」過去形では「きれかったです」など。逆に、「暑い」などの「い形容詞」の否定形では「暑いではありません」過去形では「暑いでした」となるような誤用を起こす。

3.2.2　形容詞の修飾

1)　名詞を修飾

「形容詞」は名詞を修飾する場合は「暑い日」、「高い物価」など直接名詞の前に置かれる。

この名詞の修飾法についても、日本語の学習者は、誤用を起こす。名詞が名詞を修飾する場合には助詞「の」が必要である。この学習が定着しすぎると形容詞にも助詞「の」をつけてしまい「暑いの日」の誤用が起こる。また、学習者の母語の干渉もある。中国語では名詞を修飾するのに「的」という語を使用する。そのため、「的」に当たる「の」を多用する誤用を起こすとされる。

日本人であれば、だれでも誤用を起こさないのかというと、日本人の幼児でも、一時期外国人学習者同様に「白いのワンワン」などの誤用を起こすことが報告されているが（鈴木他、2012)、誤用が頻出したり、定着することはない。幼児が言語を習得する場合、周りの大人は文法用語などを使用せずに日本語を幼児に話しかける。幼児は「だれだれちゃんのワンワン」などというのを聞くと、修飾するときは「の」が必要だと思い、「白いのワンワン」という言葉を聞いたことがなくても、規則の過剰な一般化を起こし、誤用を起こすといわれている。しかし、母語の場合は誤用がそのまま定着することはない。話はそれたが、形容詞では文末の活用、名詞の修飾法といい、規則的であるといえる。

[(形容詞＋形容詞)]名詞

形容詞同士の接続ではどうなるだろうか。英語では形容詞と形容詞はそのまま接続するか、and で接続すればよく、前の形容詞の語尾を変形させる必要はない。

A beautiful young woman

しかし、日本語では「美しい若い女性」は、英語のように若い女性に美しいがかかる場合はよいが、女性だけに二つの「い形容詞」がかかる場合は「美しくて若い女性」となり、「な形容詞」同士では「ていねいで親切な説明」となる。「ていねい親切な説明」も「ていねいくて親切な説明」も使用しない。

「な形容詞」は、接続も「名詞＋名詞」と同じ接続になり、例えば、「医者＋弁護士」の場合「医者で弁護士」のように「で」が必要なのである。しかし、これらに例外はない。

2）　動詞を修飾

形容詞が動詞を修飾する場合、副詞的な働きをするが、この場合も「い形容詞」と学校文法の形容動詞、日本語教育では「な形容詞」で接続の方法が異なる。

「食べる」を形容詞の「速い」「きれい」で修飾してみよう。

い形容詞は　　速い→　速く　食べる

な形容詞は　　きれい→きれいに　食べる

これも「い形容詞」、「な形容詞」で例外がなく規則的である。

本当に例外がないか、調べてみよう

【課題6】「書く」を次の語で修飾してみてください。

おそい　きたない　ていねい　めいかい

このような接続などは日本語母語話者には無意識に習得しているので問題にならないが、外国語として日本語を習得する学習者には意味だけでなく、接続の形など形式的なことも問題となる。

3）　その他

形容詞の用法で気をつけなければならないことがある。

次の文を比較してみよう。

？田中さんはうれしいです。

（私は）うれしいです。

このような「うれしい」「かなしい」などの感情を表す形容詞の場合、英語では主語に田中さんのような第3人称が来ても使用できるが、日本語の場合、主語の制約が起こる。つまり、主語は私の一人称しか使えない。というのは、感情は話し手しかわからないからであるとし、第3者の感情は外からそのように見えるの表現を使用する。

田中さんはうれしそうです。

また、「好き」は英語では ‘to like’ で動詞であるが、日本語では品詞は何であろうか。名詞をつけてみてください。たとえば「人」のような名詞が続くと「好きな人」となるので、「な形容詞」である。この「好き」「嫌い」の「な形容詞」も「話し手の感情をあらわすので、主語の制約を伴う。

（私は）寿司が好きです。

「好き」である対象物には助詞「が」を伴う。「寿司を好きです」とはいわない。

このように形容詞は活用するが、その活用は規則的で一部不規則に活用するのは「いい」だけである。重要なのは、形容詞が「い形容詞」であるか、「な形容詞」であるかの違いを習得することであるが、このような規則は母語話者では、意識していることは少ない。

次に動詞の規則性を考えてみる。

3.3　動詞

3.3.1　動詞の見分け方

動詞は動きや変化や状態を表し、文の述語になる。日本語では語順は「主語＋目的語＋動詞」で動詞は文末にくる。日本語の単語を動詞かどうかどのように見分けたらよいのであろうか。日本語母語話者は動詞がどうかなど考えることなく、使用できるが、日本語を学習する学習者には、単語の形態的特徴から理解させる。日本語の動詞の基本形（辞書形／終止形）には特色がある。

【課題７】　動詞を１分で思いつくだけ、書きだしてみてください。

「食べる」、「飲む」、「書く」、「読む」、「話す」、「買う」、「歩く」、「言う」、「走る」など日常使用する動詞を挙げた人が多いと思う。それらを声に出して読んでみよう。何か気がついたことはないだろうか。

動詞の辞書形は［taberu］、［nomu］、［kaku］、［yomu］、［hanasu］など「-u」で終わるのである。ということは、五十音図の「－u」段で終わる品詞は動詞ではないかと考えてもよいだろう。日本人母語話者は動詞を挙げてくださいというと、漢字かな交じりの上記を挙げることができる。そして、動詞は活用するので、活用部分はひらがな書きになっていることにも気がついた人はいるかもしれない。

上記の動詞は語彙の種類からいうと昔から日本語にあった和語である。和語の動詞は語彙数が多いとは言えない。詳細な意味を表すためには、漢語熟語が使用される。例えば、「調べる」では漢語の調査、探査、研究などに「する」をつけて「調査する」「探査する」「研究する」のように動詞にすることができる。

日本語の和語の動詞が少ないということは、動作や変化などを表せないのではないかと思うかもしれない。たとえば「笑う」には英語では 'to laugh' 'to smile' 'to grin' などがあるが日本語では「笑う」だけである。しかし、日本語では動詞を修飾する副詞が発達している。副詞の中の擬声語、擬態語が多い。「笑う」の動詞一つで擬声語や擬態語の副詞をつけることにより「げらげら笑う」「ニコと笑う」「にやにや笑う」「ホホホと笑う」「ひひひと笑う」など無数の笑い方が表せる。それぞれを英語のように異なる動詞で表さないため、動詞「笑う」だけ、活用などを含めて学習すればよいということになる。

3.3.2　活用

英語では、規則変化の動詞のほかに不規則動詞が数多くあり、それぞれ学習しなければならない。日本語ではどうであろうか。動詞グループは大きく２グループにわけることができる。いわゆる学校文法の五段活用、一段活用である。日本語の動詞の活用で不規則に活用する動詞は２つしかない。「する」「くる」でいずれも使用頻度が高い。その他の動詞はどちらかのグループに属し、活用はそれぞれ一種類である。

日本語母語話者は、動詞を挙げればそれが、五段動詞か一段動詞かはすぐわかる。「書く」なら「書く、書かない……」だから五段活用、「食べる」は、「食べる、食べない……」だから一段活用と、活用させてみればよいのである。

しかし、外国人の学習者の場合はどうであろうか。日本人母語話者と違ってまだ動詞の活用を知らないため、どちらのグループに属するのか動詞の基本形である辞書形から見極めなければならない。

【課題８】　五段活用の動詞をなるべく多くリストアップしてください。また、一段活用の動詞をなるべく多くリストアップし、基本形からどう見分けたらよいか考えてみましょう。

五段活用の動詞は、「書く」、「読む」、「話す」、「買う」、「待つ」、「売る」、「会う」などである。

一方、一段動詞は、学校文法では上一段、下一段動詞となるので、「見る」、「食べる」、「寝る」などである。この群の動詞の発音してみよう。「る」で終わること、[miru] [taberu] [neru] のように、語末が「-i る」「-e る」であることに気がつくだろう。それ以外の「-a る」「-u る」「-o る」は同じように「る」で終わっても五段活用である。例えば、[agaru] [uru] [tooru] などである。それ以外の「－う」、「－く」、「－す」、「－つ」、「－ぬ」、「－む」の－u 段で基本の辞書形が終わる動詞は五段活用の動詞となる。ちなみに「－ぬ」で終わる五段動詞は「死ぬ」しかない。現代語では「－ふ」、「－ゆ」で終わる動詞はない。

【課題９】　一段動詞のように動詞の語末が「-i る」「-e る」であるが、五段活用の動詞がある。どんな動詞があるか探してみましょう。（これは例外となる動詞である。）

それではそれぞれの活用を見てみよう。いかに活用が規則的かがわかるであろう。名詞や形容詞と同様に丁寧体、普通体の文体別にみてみる。丁寧体「ます」は以下のようになる。

丁寧体での活用は語幹が同じで一種類

五段活用の動詞	一段活用の動詞
書く	食べる
書きます	食べます
書きません	食べません
書きました	食べました
書きませんでした	食べませんでした

五段動詞は語末を、五十音表のｉ段にし「ます」をつける。

一段動詞は語末の「る」をとり＋「ます」

例外はない。

普通体では

⑴　**五段活用**	書く	書かない	書いた	書かなかった
	読む	読まない	読んだ	読まなかった
	話す	話さない	話した	話さなかった

普通体も規則的ではあるのだが、「ない」の否定形、「た」の過去形の前が語形変化をしている。日本語母語話者は考えることなく活用ができるため、どうちがうのかは意識することはないだろう。

学習者には、動詞の活用を普通体から指導すると丁寧形のように規則が単純ではないため、習得に時間がかかる。丁寧体の「ます」で指導したほうが、動詞の意味を導入すると同時に動詞の補語となる名詞句の助詞を指導できる。

例えば、書きます　手紙を　書きます　手紙を　書きました

　　　　会います　友達に　会います　友達に　会いました

五段活用の動詞の普通体の活用は

否定形　u→－aない　例　書く　kaku→kak＋aない

過去形　いくつかのグループに分かれる

【課題10】

先ほど挙げた五段活用の動詞を普通形の過去形にしてみた場合、どのような音の変化が起こるか調べてみましょう。グループに分けてみましょう。

①　書く→書いた　泳ぐ→泳いだ

②　話す→話した

③　待つ→待った　買う→買った　取る→取った

④　飲む→飲んだ

動詞の普通形の活用で複雑なのはこの過去形のみであるが、動詞の普通形（辞書形）の語尾に注目し、変化させれば過去形はできる。例えば「－む」で終わる他の動詞「読む」「頼む」「混む」は「読んだ」「頼んだ」「混んだ」となり、過去形にするには、語尾の「－む」を「－んだ」に変えればよい。このルールさえ覚えれば五段動詞の辞書形から過去形が作れる。

例外は一つだけである。「行く」→「行った」　「行いた」ではない。

過去形の「－ た」は「－て」に変えると、依頼の形になる。例えば、「書いた」は「書いて」となり、「書いてください」とすると丁寧な依頼のかたちになる。先ほどのグループ分けで、五段活用の動詞の過去形は「－いた、－いだ、－んだ、－った」のグループに分かれる。国文法では、「－んだ」は撥音便、「－った」は促音便と言われ分類されるのは、活用ができるため、後付けで活用に命名されている。辞書形しかわからない外国人学習者には活用ができないのであるから、「書く」の場合は、「書いた」になって「い音便だ」といってもわからない。

日本語初級の学習者にとって、動詞の活用は規則的であるが、普通形で五段活用動詞の過去形が瞬時に使用できるようになるには時間がかかる。しかし、普通形の過去形の「－た」は「－て」に変えるだけで動詞の「て形」、すなわち「書いた」は、「書いて」となり、そのあとに「書いてください」「書いています」「書いてもいいですか」など使用できるため、大変有用な変化である。

一段活用の動詞の普通体の活用は以下のように規則的であり、例外はない。

⑵	**一段活用**	見る	見ない	見た	見なかった
		食べる	食べない	食べた	食べなかった

動詞の活用で不規則は次の２語だけである。これはそのまま覚えることになる。

⑶	**不規則動詞**	する	しない	した	しなかった
		くる	こない	きた	こなかった

「来る」の場合、漢字圏の学習者に「来る」で指導すると、「来る、来ない、来た、来なかった」となるが、「来ない」が「くない」や「きない」ではなく「こない」なので、「くる」の不規則変化は覚えるまではひらがなで指導したほうがよい。

日本語の動詞を使用する際に活用だけ学習しても使用できない。「書きます」で「書きました」という活用を学習してそれだけでは使用しにくい。目的語などが必要になってくる。日本語の場合はそのまま名詞を動詞の前に置くのではなく、助詞をつけて名詞句を作り、接続する。

　手紙を　書きました。

日本語の初級レベルは文法が規則的であり、あまり例外はないが、日本語のように語順が固定していない言語では助詞が重要になってくる。その代わり助詞をつけたら、文の初めなどに持ってくることも可能であることは前に述べた。特に格助詞は頻繁に使用するので、動詞を指導するときに動詞に必要とされる名詞句につく格助詞は一緒に指導し、練習するとよい。助詞の指導については後で詳しく述べる。

　勉強する→日本語を勉強する　図書館で日本語を勉強する
　　　　　　　　　　　　　　　日本語を図書館で勉強する

会う→　　友達に会う　　　　３時に駅で友達に会います
　　　　　　　　　　　　　　友達に３時に駅で会います

3.3.3　自動詞、他動詞

【課題11】　次の動詞は自動詞ですか。他動詞ですか。

動かす　溶かす　冷える　混ぜる　折れる　つなぐ　続く

日本語母語話者にとって、助詞をつければわかるので、まちがうことはない。「動かす」が自動詞か他動詞かより、「動かす」は「～を動かす」で助詞「を」だから他動詞、「折れる」は「～が折れる」で助詞は「が」だから自動詞と判断する。このように助詞を付けて自動詞か他動詞かが区別できる。これは使い方を知っているからで、「動かす」は他動詞であると記憶しているわけではない。同様に「折れる」は自動詞であるとおぼえているのではない。つまり、動詞の形から自動詞か他動詞が区別することはできないのである。

日本語を学ぶ外国人にとっても自動詞と他動詞の習得はむずかしい。特に困難なのは対になっている自動詞と他動詞である。たとえば「沸く」と「沸かす」、「止まる」と「止める」、「壊れる」と「壊す」などである。すなわち、「お湯が沸く」、「お湯を沸かす」、「車が止まる」、「車を止める」、「建物が壊れる」、「建物を壊す」などの自動詞と他動詞の対である。

英語では、自動詞と他動詞の違いは目的語をとるかとらないかである。というより動詞が対象物に影響を与えるため目的語を必要なのが他動詞で対象物に影響を与えないのが自動詞となる。同じ動詞でも他動詞として働いたり、自動詞として働いたりする動詞がある。たとえば、'to open' の場合、目的の対象物に働きかける他動詞では "I opened the door."（私はドアを開けた）となり、動作が対象物に働きかけず、完結する自動詞では "The door opened."（ドアが開いた）となる。

日本語も目的語をとるかどうかであるが、日本語の場合、助詞に注目する必要がある。自動詞であれば、対象物は助詞「が」を取り、他動詞であれば、助詞「を」を取る。英語の場合は動詞の形が自動詞で働くか他動詞で働くかで形は変わらないが、日本語の場合、「開けた」と「開いた」と形態が異なる。日本語教育の初級レベルで始めて、対になる自動詞、他動詞を指導するときは、自動詞とはどういうときに使用するのか、他動詞はどういうときに使用するのかを中心に指導する必要がある。

よく指導の導入に使用するのは「開く」と「開ける」の対である。「ドアが開く」「ドアを開ける」である。他動詞は動作者がいることを認識させる、自動詞は動作者がいないか、自動的にそうなるなどで指導する。つまり、他動詞は誰かがドアを開ける絵を提示し、開けるという動作をしている動作者を明示する。一方、自動詞は風でドアが開くや、自動ドアの絵を提示し、特定のドアを開ける動作をする動作者がいないか、問題とならない場合であることを理解させるとよい。

日本語母語話者にとっては、「ドアが」とくれば、「開く（あく）」は自動的にでてくるのであるが、学習者は一つ一つの対を記憶しなければならないので、「ドアが」の後に自動詞「開く」が出るように何度も練習が必要である。「ドアを開ける」も同様であるが、他動詞のほうが習得しやすいようである。というのは、外国語の多くは、動作者が対象物を動作する他動詞で物事をとらえることが多いからであろう。対になっている他動詞、自動詞「開く、開ける」、「沸く、沸かす」などは語彙としてそれぞれ記憶するだけでなく、助詞をつけて記憶しなければならないので、母語話者が考えるほど学習者にとってやさしくはないのである。

日本語の文法などの規則は、規則的で比較的簡単であると述べたが、対になっている自動詞、他動詞は、動詞の五段動詞、一段動詞のように辞書形の言語形式から分けることはできないため、一語づつ記憶することになる。習得の困難な項目の一つである。

以上、日本語文法の規則性について名詞、形容詞、動詞の順に述べた。日本語文法は多言語に比べて規則的であり、日本語を指導する教師がこの規則性に気づいていれば、日本語母語話者の教師にとっても、日本語学習者にとっても、日本語の文法の指導、習得はむずかしいものではない。

次章では、日本語の文字体系の特徴について述べる。日本語学習者の外国人にとって、日本語の文字は習得困難の一つに挙げられるが、日本語の文字はその特徴を理解すれば、習得に非常に役立つ。

第4章

日本語の文字体系の特徴

日本語の表記は意味を表す表意文字の漢字と音を表す表音文字の仮名が使用される。そのほかに、ローマ字、数字、記号が使用される。それぞれ日本語の表記において役割を持つ。表意文字の漢字からみてみる。

4.1　漢字

漢字は文字に意味を持つ。アルファベットの言語を母語とする学習者にとって、文字に意味があることは驚きである。漢字習得は文字に意味がある漢字を使用する漢字圏以外の学習者にはむずかしいが、日本語習得にとって漢字は必要不可欠であり、一度習得してしまえば、便利な文字である。

【課題12】　通常、漢字はどんな品詞に使用されますか。

漢字は意味を表すため、名詞、または、動詞、形容詞の語幹などに使用される。

名詞では「学校」「外国人」「日本語」など、動詞、形容詞では、活用しない語幹に使用され、動詞、形容詞の意味を表す。「書く」「読む」「手伝って」「話せる」「暑い」「むずかしくない」などである。その他には「合理的」「可能性」「欧米化」「不十分」「無関心」などの「的、性、化、不、無」などの接辞となるものがある。

4.1.1　漢字の読み

日本語の漢字には、一つの漢字に音読みと訓読みが複数あることがあり、漢字圏の学習者である中国人学習者では、中国語の読みから類推しやすい音読みはよいが、訓読みの習得には苦労する。常用漢字に制定された漢字は、2010年に改定され2,136字（2010年内閣告示による）である。そのうち4,388の音訓読みがある。音読みは2,352音、訓読みが2,036訓で漢字一字当たり平均2.05の読み数となる。

音読みは中国の読み方であり、それだけでは日本語では意味はわからない。例えば、山（サン）の一字では山の漢字の意味を知らない人にはわからない。しかし、訓読みの山（ヤマ）では、日本語で意味がわかる。

日本語の漢字は日本語の表記体系の中でどのような役割を担っているのだろうか。また、漢字を使用する利点は何であろうか。『新版日本語教育事典』（大修館書店）では、漢字の特徴として同音異義語の書き分け、造語性、単語の区切りを示すなどをあげている。以下それぞれについて説明する。

4.1.2　漢字の特徴

1)　同音異義語の書き分け

日本語には同音異義語が多い。「コウコウ」と聞いて思いつくままに該当する漢字を考えると「高校、後行、孝行、航行……」などがある。現在はパソコンなどあるので、漢字が読めれば、書けなくても、「こうこう」と入力して、文脈から適切な漢字熟語を選択できるし、漢字がわからなくても「コウコウとひかる」の「コウコウ」も「煌々」を選択できる。日本人は音を聞いて漢字を思い浮かべる。または、記憶するときに音だけでは記憶しにくく、漢字で確認することがある。たとえば、ヒトの名前など、自己紹介で「たけだ　こうた」ですと言われても音声だけでは記憶に残らないことがある。しかし、「『たけだ』は武田信玄の武田です。『こうた』の『こう』はうかんむりにカタカナのナ、ムの宏です、『た』は太いです。」と言われると音声と漢字が結びつき「武田宏太」として記憶することができる。日本人がビジネスで自己紹介に名刺を交換するのは、音と漢字を結び付ける大変良い機会であり、いちいちどういう漢字か説明せずにすむ。また、通常の会話でも、漢字に置き換えて聴いていることが多い。特に、抽象的な語彙や専門的な語彙には、漢字熟語が多く、同音異義語も多い。語彙を習得するのに、漢字の表意性が大きな助けになる。漢字熟語によく使用される漢字を最低でも500字覚えることにより、その漢字を使用する熟語の意味の類推、記憶がしやすくなる。

2)　造語性

漢字の利点の一つに挙げられるのは、その造語性である。例えば「人事」という漢字熟語には、人事課、人事問題、人事審議会、閣僚人事など次々に異なる漢字語や漢字語彙と結びつけて新しい語彙が作れる。常用漢字を理解していれば、ほぼどんな熟語がついても意味が大体理解できる。漢字語彙は漢字だけでなく、カタカナ語ともつき、混種語となる。たとえば、カメラ部品、カード会社などである。

日本人は小学校、中学校を通じて、常用漢字の意味、読みと書きを学ぶ。したがって、中学校の義務教育を修了すれば、ほぼ誰でも、新聞を読むことができる。新聞などの書き言葉から多くの新しい知識や情報を獲得することができるのは、新しい知識、情報、概念が漢字で表記されるし、意味が分からない場合は漢字熟語の音読みから辞書などを引き、意味や使い方がわかるからである。

3)　語頭にくるため単語の区切りを示す

日本語が英語のように単語で区切る必要がないのはなぜだろう。もし、日本語がすべて、仮名で書かれていたら、分かち書きをしないと語の区切りがわかりにくいし、読む際、意味を取るのに時間がかかるだろう。

昔、電報はカタカナ表記で分かち書きではなかった。そのため、読みの区切りの仕方で別の意味になることがあった。「カネオクレタノム」は「金送れ頼む」とも「金遅れた飲む」とも取れるということで、後者のほうにとると、「送金が遅れて、間に合わず青酸カリか何かを飲んで自殺する」になるので穏やかではない。

【課題13】 次の文は３通りの解釈ができます。考えてみてください。

ニワニワニワトリガイル

カタカナや平仮名の表音文字では、語の区切りがわからない。しかし、漢字で表記すると「二羽庭には鳥がいる。」「庭には鶏がいる。」「庭には二羽鳥がいる。」の解釈ができることがわかる。

これを見ても、単語の初めに漢字が来ているので、単語の区切りがわかり、意味がとりやすくなる。したがって、分かち書きをしなくても、漢字が単語の区切りの役目を担っている。漢字だけ拾って新聞などの見出しを飛ばし読みできるのはこのためである。

日本語学習者で、非漢字圏の場合、漢字には抵抗を持つ場合もあるが、文字に意味があること、音読みを覚えれば、漢字が読めることが多いこと、漢字の利便性を考えると、漢字抜きで音声のみで学習する意味は日本語学習に限っては、学習そのものに時間がかかる。特に、中上級からでは語彙習得に大きな差が出てくる。外国人学習者も同音異義語の多い日本語の語彙習得は、漢字を使用したほうが利便性がたかいのである。たとえば「経済学者」という単語を［keizaigakusha］と音で記憶するより漢字を使用したほうがずっと意味と直結し語彙として記憶しやすいであろう。［keizai］は「経済」という漢字で［gakusha］は「学者」という漢字を使用する。「学者」は学問をする人の意味であり、政治を学問として研究していれば、「政治学者」となる。また、「経済指標」という語であれば、「経済」はわかるが「指標」がわからない場合、音読みで「シヒョウ」と読めれば、辞書をひけば意味がわかる。

漢字は漢字圏の学習者、例えば中国人学習者には学習しやすいと一般的に考えられるだろう。もちろん、漢字を母語としない学習者から見れば、大きな利点ではあるといえるが、面白いことに、日本語教室で漢字のテストで100点をとるのは、非漢字圏の学習者であることが多い。中国の学習者は99点は取れるが、100点がなかなかとれないのである。これは、漢字の読みにある。日本語の漢字の読みで漢字圏の学習者が苦労するのは、読みに濁点がつくかどうかである。日本語の漢字熟語には連濁する語がある。連濁とは、二つの語が結びついて一語になる際、後ろの語頭の清音が濁音に変化する音韻現象である。連濁に規則性がないため中国語の発音から類推すると清音か濁音になるのか判断にまよう。というのは中国語には息が出るかどうかの有気、無気の違いはあるが、清音、濁音の違いがないからである。

例えば、「ごみ＋はこ」は、ゴミ箱（ごみばこ）と「はこ」が「ばこ」になるが、「くず＋かご」では「屑籠」「くずかご」で「くずがご」とならない。

中国語のように一つの漢字の読みが一つの言語では、日本語の漢字のように読みが複数あり〈音読み、訓読み〉、その組み合わせでの漢字熟語などで、後ろの漢字の読みに連濁が起こる場合があるのは、規則性がないだけに習得がむずかしい。また、後ろの漢字の読みにその前の漢字が小さい「つ」になる、促音化も珍しくない。

例　促音化　　傑作（けっさく）立派（りっぱ）

促音化したりするのは、非漢字圏の学習者でも困難ではあるが、特に第1言語との関連での類推がないだけに習得時にその読み方で習得する。そのため正確な読みに関しては、非漢字圏の学習者のほうが正確さが高いことが多いのである。

日本語にこのように漢字という意味を表す文字があるということは、母語話者にとって未知の語彙であっても漢字からその意味を推測することは可能である。たとえば「魚群探知機制御装置」というものを知らなくても、どのようなものか漢字から推測できる。魚の群を調べる機械をコントロールする仕組みだろうと解釈可能なのである。したがって、小学校、中学校で日本語母語話者が学習する約2000語の漢字はその組み合わせにより無数の語彙を作ることが可能であるし、意味の推測が可能なのである。無数にある語彙、新しい語彙もその意味が推測できるのは、日本語の文字体系に漢字があるからである。もしこれらを仮名だけで表記したら、未知のことばであれば「ぎょぐんたんちきせいぎょそうち」「ギョグンタンチキセイギョソウチ」となり、どこでひとまとまりのことばなのかわからず、語彙を構成するすべての音を記憶するのは記憶の負担も大きい。

日本語の表記には意味を表す漢字の他に、音を表す仮名が使われる。

4.2　仮名

日本語の仮名には「ひらがな」と「カタカナ」がある。

4.2.1　ひらがな

ひらがなは、表音文字であり、日本語の言語音の基本的単位である音節をあらわす。日本語教育でひらがなを覚えれば、聞き取れた音声言語の日本語は容易にすべてひらがなで書き写すことができる。ひらがなは、日本語を勉強し始めて、１週間ほどで発音、読み、書きができるようになる。学習し始めてから１週間ほどで聞き取れた音声を表記できる言語は他にはないのではないか。もちろん、ひらがなだけで表記することは日本語ではないが、駅名などは正確に読めるようになるであろう。

会話だけ学習したいので、文字は必要ないという日本語学習者がいるが、ひらがなの便利さを説明すると積極的に文字学習に取り組む。さらに、ひらがなを最初に学習することに利点があるのは、発音が日本語らしくなるということである。

現代日本語の音節は、原則として「開音節」で母音（V）のみ、または子音（C）＋母音（V）の〈CV〉の構造をもち、それぞれが、拍またはモーラとしてかな文字で表記される。ひらがなは、一文字一拍または一モーラの音を表記するのが原則であるため、音節言語の学習者、例えば、英語母語話者などは［tsukue］ではモーラはわかりにくいが、日本語では /tsu/ は「つ」、/ku/ は「く」、/e/ は「え」と表記できる。英語のように /i/ が 'ink' の場合 /i/ で 'kite' の場合 /ai/ となるような音と文字の不規則性は一部を除いてない。

実際の発音と表記が異なる場合は、母音が長音として発声がのばされる2拍の開音節（CVV）の構造の中の一部である。「ああ」、「いい」、「うう」、「ええ」または「えい」、「おお」または「おう」と母音2文字で表記されるが、「え」の長音の発音は「先生」の場合 /sensee/ であるが、表記は「せんせい」となる。「ええ」と発音通りの表記をする場合のほうが少なく「ええ、そうです」などの応答、「おねえさん」の場合である。また、/oo/ と聞こえたときは「おう」と表記することが多い。［tookyoo］は「とうきょう」である。「おお」と表記する場合は、「こおり」、「おおきい」、「おおさま」などである。

ひらがなは、清音、濁音、拗音、伸ばす長音、小さい「つ」の促音を指導して、日本語の聞き取りが拍（モーラ）でできれば、聞こえる日本語の音声はひらがなで表記できる。これは、一週間ほど音と文字の関係を指導すれば、習得できる。ひらがなが習得できると発音もモーラを意識して発音するようになり、「とうきょう」も /to//kyo/ と2拍ではなく「と」「う」「きょ」「う」と4拍で発音ができ、日本人には聞き取りやすくなり、学習者の日本語が日本人に通じやすくなる。ただし、ひらがなを文字だけで指導してはいけない。必ず音と一緒に指導する。つまり、日本語の音韻体系の指導の中でこの音がこのかなになるという風に指導することが肝要である。

伸ばす長音のほかに、日本語を母語としない外国人学習者のほぼすべてにむずかしいのは、小さい「つ」で表す促音である。日本語母語話者は、生後9か月ぐらいで今まで聞き分けられていた様々な言語音が日本語の言語の聞き取りに特化し、日本語の言語音を拍で聞くようになり、促音も一拍として聞き取れるようになるという。しかし、音節言語を母語とするほとんどの学習者は、拍での聞き取りがむずかしく、「きって」も「きて」と2拍で聞き取ったり、発音したりする。外国人で日本語が通じない場合、拍が違っていることが多い。「切って」を「来て」と発音されると、日本人には違う単語と認識してしまうため、聞き返したりするのである。

【課題14】　小さい「つ」がある単語を1分間でなるべく多くリストアップしてみてください。どのようなとき小さい「つ」、つまり促音化が起こるのか考えてみましょう。

促音は一般的に無声子音（t/s/k/p）の前に使用される。語頭に来ることはないし、語末にくることもない。「きって」、「ざっし」、「がっこう」、「しっぱい」、「きっさてん」などがある。

長音（伸ばす音）や促音（ちいさい「つ」）の発音で一拍とることが学習者には何度も発音練習を促すところである。なぜそうしなければ、いけないのだろう。これは、伸ばす音、ちいさい「つ」の促音で一拍とらないと、前述したように「切手」と「来て」のように通じないからである。つまり日本語では拍を間違えると異なる意味になるからである。すなわち、拍が意味の弁別に関係するからである。

例えば、長音の場合	おばさん（4拍）	おばあさん（5拍）
	くき（2拍）	くうき（3拍）
	とけい（3拍）	とうけい（4泊）
促音の場合	きて（2拍）	きって（3拍）
	おと（2拍）	おっと（3拍）

さか（2拍）　　　さっか（3拍）

日本語の漢字熟語の発音では長音、促音の組み合わせが多い。したがって、長音、促音などでの1拍とることの重要性は、初級だけでなく、中上級でも問題となる。

例えば、「昨日おそくまでジケンがありました。」と言われれば、だれでも、「どんな事件が起こったの」と質問するであろう。これは実験（じっけん）の言い誤りである。「実験」は4拍で発音する必要がある。また、工業（こうぎょう）を「コギョ」と3拍で発音されると、「え、何のこと？」と母語話者は思うであろう。日本人はどんなに速く発音しても拍を間違えることはないというか、単語は拍で習得しているからである。しかし、拍ではなく、音節言語を母語とする学習者には、中上級になっても注意が必要である。

清音と濁音の発音の間違いも誤解を生じる。やはり、意味が異なってくるからである。

中国語を母語とする学習者は日本語の清音と濁音の聞き分け、発音の区別がむずかしい。中国語では強く息が出るか弱く出るかの有気か無気かの違いがあるが、有声、無声音の対立はないからである。また、文法が類似している韓国語も音声では、平音と呼ばれる無気音、激音と呼ばれる有気音はあるが、日本語のように有声、無声の対立ではないため、日本語の清音と濁音の発音では、中国語を母語とする学習者と同じ問題を抱える。つまり、「ダイガク」と「タイガク」の聞き分け、発音がむずかしいということになる。しかし、清音の「タ」か、濁音の「ダ」かでは日本語では異なる意味になり、清音か濁音かが単語の意味の弁別に関係する。漢字語の読みをつけさせると「大学」を「だいがく」と発音しているか、「たいがく」と発音しているかわかる。このような母語に清音と濁音の違いがない学習者には、清音か濁音で意味が異なることを確認し意識化させる必要がある。

逆に、日本人が拍ではない音節言語の外国語や、息が出る、出ないの有気、無気が意味の弁別に関係する外国語を学習する場合、聞き取りや発音がむずかしい。学習者も母語とは異なる日本語の発音の拍は聞き取りにくいし、発音も音節で発音してしまいがちである。日本語は、前述したように拍数の違いが意味に関係する。また、ひらがな１文字、１拍が原則であるから、ひらがな学習のメリットは、文字の習得と同様に発音の習得にも利点をもたらす。ひらがなの音声教育としての指導については第Ⅱ部で詳しく取り扱う。

◆ひらがなの役割

日本語では、ひらがなだけで書くのは、小学校１年の教科書ぐらいであるが、ひらがなは日本語の表記でどのような役割を担っているのであろうか。日本語が意味を表す漢字と音をあらわすひらがなやカタカナを使い分けている理由を考えてみよう。

漢字のところで漢字は実質的内容部分を表し、たとえば名詞では、「平和」「動物」など、動詞や形容詞の語幹部分では「書く」「読む」「明るい」「寒い」などであり、単語の語頭にくることで単語の区切りを表すのに役立っていると述べたが、ひらがなはどうであろうか。

通常、ひらがなを使用するのは文のどんなところだろうか。

　　田中さんは大学で経済を教えています。

下線部分の助詞はひらがなで表記されている。また、波線部分の「教えています」の動詞の活用部分もひらがな書きである。日本語の表記では、漢字は実質的内容部分を表すが、ひらがなは助詞や活用部分のような文法的関係や機能を担う。したがって、新聞などの漢字による拾い読みによって、内容が大体わかるのである。「たなかさんはだいがくでけいざいをおしえています。」のようにすべて、ひらがなで書かれていると、ひらがなは表音文字であるため、意味の区切りがわからず、どこまでが一つの単語かわかりにくく、意味がとりにくい。読みやすくするために語と語の間にスペースを入れて書く、分かち書きが必要になってくる。

　　たなかさんは　だいがくで　けいざいを　おしえています。

英語のアルファベットは、ひらがなのような表音文字であるため、意味の区切りである単語や冠詞などは、スペースを開けて区切って一文としている。しかし、日本語の表記は漢字とひらがなの併用で分かち書きをする必要がない。

日本語の表音文字にはひらがなの他にカタカナがある。

それでは、表記で表音文字のカタカナを使用するのはどんな時であろうか。

4.2.2　カタカナ

【課題15】　カタカナで書くのはどんな語ですか。

カタカナで書く語を1分間でなるべく多くリストアップしてみてください。

カタカナ語としてリストアップされたものは外国の地名や外国から来たものでいわゆる外来語と言われているものがリストアップされたであろう。日本語では、同じ表音文字であるのに、ひらがなとカタカナが使い分けられている。

ひらがなの表記とカタカの表記を比較してみよう。ひらがなのすべてがカタカナで表記される。「か」は「カ」、「ん」は「ン」、拗音の「きょ」も「キョ」となる。促音の小さい「つ」も「キッチン」のようにカタカナで表される。それでは、カタカナでしか表せないのはないだろうか。「ソファー」の「ファ」や「ウィスキー」などの小さい「ア」や「イ」などである。

先ほど課題でカタカナ語として挙げられた語を見るとすべて内容語であることに気がつくであろう。また、カタカナのほうが表音文字でも原音に近い発音の表記ができ、表音性が高い。外国からの事物をその発音のまま表記するのに適しているのである。もちろん、日本語のカタカナ語となる際には日本語の拍で、また、子音に母音が付いた形で導入される。例えば、‘truck’は日本語では /torakku/ となり4拍で発音され、カタカナでは「トラック」

と表記する。

ひらがなの表記と異なる点に長音の表記もある。ひらがなでは、「ああ」、「いい」、「うう」、「えい」または「ええ」、「おう」または「おお」のように母音を重ねるが、カタカナの横書きの場合は「ー」縦書きの場合は「｜」を用いる。また、ひらがなにない表記として「ウィ、クァ、ツェ、ティ、フォ、ジュ、ヴェ」がある。外来語などを表記する場合は、外来語としての一般度により表記が揺れる場合がある。より発音を原音に近づけたいとする場合と日本語の発音体系に近づけるとする場合である。「ベニス」「ヴェニス」などであるが、いずれの表記でも外来語は日本語であることに変わりないので、意味を間違えてとらえられることはない。

表記の揺れはカタカナに多く「コンピューター」か「コンピュータ」かどちらも使用される。最近は「コンピュータ」のほうが多いようだ。「マネジャー」「マネージャー」もその例である。

カタカナで表記されるものには、外来語のほかに擬音語（パラパラ、ドサーっと）、擬態語（イライラする）、学術専門語（コントロールする、インプットする）、動植物名（クマ、キリン、バラ）和製外来語、外国語の発音（シェシェ、ハロー）、外国の国名、地名、人名などがある。カタカナ語は、漢字と同様概念語、実質内容語であるが、実際はかなり自由に使用されている。

たとえば、感動詞（アッ、オー）終助詞（ネ、ヨ）、外国人の日本語発音などである。また、『新版日本語教育事典』によると、通常、漢字やひらがなで表記されるものをカタカナで表記することにより、特別な意味を持たせることがある。「ケータイ」とカタカナ書きをすれば、携帯電話のことを指し、「切れる」を「キレる」とすると若者の不安定な精神状態を指す。このような場合は、元の表記をちがえることにより元の意味分担と異なる概念をあらわしているといえよう。また、最近の携帯メールでは従来の表記と異なるカタカナ表記にすることにより、感情を表したり、目立たせたり、強調したりして、伝えたいことを印象深くするなどの効果をもたせてカタカナ書きで書かれることが多い。

ひらがなは日本語では、おもに助詞や活用など機能語に使用されるが、カタカナ語は内容語として使用される。漢字語も同じ内容語だが、カタカナ語は漢字のように意味をあらわさないため、新しいカタカナ語は意味の類推ができない。戦後は英語からの借用語である外来語が増加している。原語の発音が推測できない場合もあり、一般の人には意味の分からないカタカナ語がますます増加している。

日本語の表記では、漢字、ひらがな、カタカナのほかに、アルファベット、数字も使用される。

【課題16】 漢字、ひらがな、カタカナ、アルファベット、数字を全部使用して、文を作ってみてください。それぞれが日本語の文中でどのような役割を担っているか確認してみてください。

例　スミスさんは銀座にある 3LDK のマンションに住んでいます。

以上、日本語の文字体系の特徴について述べた。日本語の文字は意味を表す漢字と音を表す仮名の組み合わせであり、このように意味と音を表す文字が使われ、それぞれに日本語の中で役割がある文字体系をもつ言語はないであろう。

次章では、日本語の初級で扱う文法で、特に日本語指導で外国人学習者にとって母語との違いから習得困難な文法について述べる。日本語を母語としない学習者への文法であるため、外国語としての日本語とした。これ・それ・あれの指示詞、は・が・を・になどの助詞、あげる・くれる・もらうの授受表現、開く・開けるの自動詞・他動詞、「雨に降られる」などの受動態の順で学習する際に問題になる点を中心に述べる。

第5章

外国語としての日本語初級文法

外国語を母語とする人が日本語を学ぶ際、どのような問題が起こるのだろうか。いわゆる初級レベルでの文法のなかで、指示詞、助詞、授受動詞、自動詞／他動詞、受動態を取り上げ、みてみる。

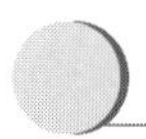

5.1　指示詞

指示詞とは基本的な意味として、ある状況において何かを指すのに用いられる。「これ」「それ」「あれ」のように指示を表すものである。日本語の指示詞には、こ系、そ系、あ系がある。こ系では「これ」「この」「ここ」「このような」「こんな」、そ系では「それ、その、そこ、そのような、そんな」、あ系では「あれ、あの、あそこ、あのような、あんな」がある。

日本人にとって、指示詞といえば、「これ、それ、あれ」の3系列であることは、あたりまえであるが、世界の言語では「これ、あれ」の2系列であることが多い。流暢に日本語を話す外国人と話していて、「おやっ」と思うには、「それ」というところを「あれ」といっている間違いである。

例　外国人：アメリカの大学で日本語を専攻していて、2000年に初めて日本に来たんですが、あの時は一人でしたが、今回は友達ときました。

このような場合、英語ではthatを使用するため、あ系を使用したのであるが、日本語では、そ系を使う。このような文脈のあ系の誤用は、誤用時に気づいたとしても、また、同じような誤用がおこる。

日本語では　これは何ですか　　英語では What is this?

それは何ですか　　　What is that?

あれは何ですか　　　What is that?

英語では、この場合「それ」と「あれ」が同じ that を使用するからである。

日本語を指導する場合、指示詞は買い物などの場面や日本語でなんというか知りたいときに必要になってくるので、比較的早い時期に指導する。日本語の指示詞には、現場指示と文脈指示の用法がある。初級レベルでは指示対象が発話の現場に存在する現場指示の用法を指導する。現場指示の「これ、それ、あれ」である。

これはいくらですか。

それをください。

あれは何ですか。など

「名詞は名詞です」の名詞述語文に使用される。学校文法では「これ」は近称、「それ」は中称、「あれ」は遠称として学んだと思う。日本語母語話者にとって、何がむずかしいかわからないであろう。しかし、「これ」と「あれ」しか指示詞がない言語では「それ」と「あれ」の習得がむずかしく、日本人の学校文法の近称、中称、遠称では理解させにくい。

言語学者の三上（1970）によると、現場指示には二つの用法がある。話し手と聞き手が対立した位置関係か融合した位置関係かで対立型と融合型に分かれる。対立型は、話し手と聞き手が離れた位置にある場合で「これ」、「それ」が使用される。つまり、話し手に近いものは「これ」、聞き手に近いものは「それ」を使用する。融合型は、話し手と聞き手が離れておらず、その外のものを指示する場合、「あれ」が使用される。「それ」は使用されない。

日本語教育ではこの考えを利用し、現場指示を指導している。すなわち対象物が話し手に近いか聞き手に近いかを意識させる。実際には、距離的に近いというより、話し手が自分の領域にあると認識しているか、聞き手の領域にあると認識しているかの心理的要因も関連するのであるが、話し手と聞き手が対立していることを理解させ、つまり向かい合っている（少し離れている）場面で、話し手である教師は自分の近くのものを「これはＮです。」と指導する。しかし、教師の前に座っている学習者は手で触れることができないものであるから、「これは～です」とリピートさせると話し手の教師に属している「こ」の理解ができなくなる。聞き手の学習者からは「それ」になるので、リピートをさせてはいけない。もちろん対象物を「Ｎです」と言ってリピートさせるのはよい。「本です。」「ペンです。」などをリピートさせるのはよいが、「これは本です」は話し手の教師からは「これ」であるが、学習者からは「それ」になるからである。それでは、「これ」、「それ」はどのように指導すればよいのであろうか。日本語の教師を採用するときに「これ」「それ」の模擬授業をやってもらうと、日本語がわからない外国人に日本語を指導する力が推測できる。

もし、「田中さんは日本人です。」「山田さんも日本人です。」のように並立、付加の「も」の用法がすでに理解されていれば、教師のそばにあるものを「これは本です」学生の誰かの机の上の本を指して、「それも本です。」と教師がいえば、「これ」と「それ」の対立は理解できるであろう。もちろん、教師がその学生のそばに行って、「これはペンです」。「これは時計です。」学生から離れて学生のペンや時計を指して「それはペンです」「それは時計です」などということで、英語などの‘this’、‘that’と異なることがわかるであろう。

また、話し手と聞き手が並んでいる場合、話し手の教師が学習者に近づいて、遠くを見る場合、見ている視点は対立しておらず融合している。または共有している。この場合は、「これは本です。」「あれは掛け時計です」。「あれは窓です。」など話し手と聞き手にとって近いものが「これ」と両者にとって遠いと認識しているものが「あれ」となる。したがって、「あれは何ですか。」に対して「（あれは）郵便局です」などとなる。現場指示の「これ」、「それ」、「あれ」を指導するときは、教師の立ち位置、学習者の立ち位置、対象物の場所に気を配って指導することによって、「これ」と「あれ」の2項しかない言語を母語をする学習者に理解させることができ、これらを教師が意識して学習者に練習させれば、適切に使用できるようになる。日本語母語話者にとって、「これ」、「それ」、「あれ」の使用は意識することはない項目の一つである。しかし、学習者にとって、文法的だけでなく、買い物やものの名前を知るなどの機能を考えると早い時期に導入されるため、日本語母語話者の教師は、注意が必要であり、学習者に正しく理解させ、使用させるには、単に母語話者であるというだけでなく、日本語を学習者の視点から見ることと指導経験が必要である。

日本語の指示詞の中で現場指示は教科書に練習もあり、習得がなされるが、問題は文脈指示である。これは指示対象が会話の現場ではなく文中に存在する場合である。対話の場合と文章の場合がある。対話の場合は話し手と聞き手にその知識が共有されているかどうかで「それ」と「あれ」に分かれる。共有されている場合は「あ」系が使用される

A：昨日、駅で山田さんに会ったよ。

B：そう。あの人元気だった？

AもBも山田さんを知っている場合である。

知識や情報が共有されていない場合は「そ」系を使用する。

A：昨日、駅で変な人がいたよ。

B：そう。その人、どう変だったの。

問題はこの場合も「あ」系を使用する外国人が多いのである。英語などでは ‘that’ を使用することからきているのだが、かなり日本語を流暢に話す人でもこの誤用が起こる。理由は、母語の影響だけでなく、文脈指示の「これ」、「それ」、「あれ」は日本語教育では、中上級扱いであるが、系統的な指

導が教科書などでもないことによる。

一人で何か説明をしている場合、聞き手にとっては話し手の知識を共有していない場合が多い。何を指しているか聞き手がわからないときに「あ」系を使用されると、日本語がどんなに流暢でも日本語が母語ではないと感じる。しかし、ほとんどの日本人は外国人が「そ」と「あ」を間違えても意味がわかるので間違いを指摘することはない。そのため、この誤用はなかなか修正されることがない。

たとえば、

昨日、駅でイベントをやっていたんだけど、あのとき、なかなかおもしろかったよ。

学生時代の友達にマイクっていうのがいるんだけど、あいつ日本のアニメ好きで。

一方、文章では、「こ」と「そ」の対立が問題になる。文章では、聞き手に当たる読み手の知識は希薄化するので、「あ」は通常使用されない。しかし、英語などの言語では 'that' にあたる「あ」になるので、「あ」系を使う誤用が学習者に起きる。

文章における「こ」と「そ」の対立は、先行詞に対する話し手のとらえ方による。

「こ」は先行詞と話題との関連性でとらえ、文連続の意味関係が順接的な場合に使用される。

たとえば、「私はコーヒーが好きだ。この飲み物は疲れをいやしてくれる。」この場合「この」を「その」に変えることはできない。

「その」の場合は、先行詞はテキスト的意味の付与という観点からとらえられ、文連続の意味関係が対比的・逆説的な場合に多く使用されるという。

咲子は昔から不器用であった。何をやっても失敗ばかりであった。その咲子が料理コンテストに優勝したとは信じられない。

このように、現場指示は習得できても、文脈指示の指示詞の使い方は複雑であり、特に「そ」の場合に「あ」を使用する場合が多い。文脈指示は中級や上級で、会話や、文章を読むときにその都度指導されるが、どちらかというと「その」「この」の指示詞が何を指しているかを問うものである。この場合「こ」を使用し、この場合は「そ」を使用するのように、使用面からの指導はほとんどなされていない。なぜここでは「この」で違う文章中では「その」なのかについての説明はほとんどなされないのが実情である。

また、指示詞は指示詞により品詞がわかれる。

【課題17】　指示詞には、こ系、そ系、あ系があるが、こ系の指示詞で以下はどの品詞に属するでしょうか。

この　これ　こんな　ここ　こっち　こう

不定詞として「どれ、どの、どこ、どう、どんな」のど系がある。

5.2　助詞

「は」や「が」「を」「に」などの助詞は、助詞を持つ韓国語を母語とする日本語学習者の他は、母語に助詞の機能をもつものがないので習得がむずかしいものである。前に述べたように助詞のない言語では語順などの制約があるので、日本語のように名詞に助詞を接続して主語にしたり、目的語にしたりする必要がない。

日本語では語順はそれほど大事ではない。話し言葉では特にそうである。述語が先にきて主語が後のことも多い。「おいしかったね。きのうのステーキは」というような文は普通に使用される。こんなことができるのは助詞があるからである。

それでは助詞をもたない言語を母語とする学習者にどのように助詞を指導するのか興味をお持ちと思う。日本語母語話者は国語の授業などで文法事項として助詞だけ取りだし、これは格助詞であるとか、係助詞であるとか指導されるが、外国人に指導の場面では、助詞だけとりだして指導することはほとんどない。一般的に助詞は文型の中で指導される。文型とは文のパターンである。日本語教育では、初級の学習者に文法用語を使用して日本語を指導できない。また、まだ日本語ができない段階であるから母語で文法を指導されても日本語は使えるようにはならない。中学で初めて英語を学習し、冠詞'a'、'the'の説明を聞いたが、うまく使えなかったし、日本人にとっては英語が上級になっても冠詞はむずかしいものである。日本語に冠詞がないからであろう。これは助詞をもたない外国人にもいえることである。

次に日本語の助詞について、助詞「は」「の」「を」「に」の順で述べる。

5.2.1 「は」

例えば、自己紹介や買い物などの機能を果たすために必要な文型は「Nは Nです。」の名詞述語文で、最も早く習得される。Nは名詞を表す。前に述べたように日本語の名詞は単数、複数がないし、名詞の前に'a'、'the'などの冠詞も必要ない。「本」「机」「時計」「スミスさん」「500円」など名詞を覚えれば使用でき、いわゆる係助詞「は」が使われる。文法用語で提題の「は」や主題の「は」などと説明しなくても、文型で指導すれば、使えるようになる。

スミスさんはアメリカ人です。
それはスミスさんの時計です。
この本は1000円です。

日本語では、前述したようにいわゆる主語の「私」「あなた」はあまり使用しない。場面でわかっていることは省略する。わざわざいう必要がないといってもよい。つまり、なくてもよいのである。

したがって、自己紹介するときも

（わたしは）やまだです。　どうぞよろしく。

括弧の「わたしは」は省略していう。

「あなた」も省略することがほとんどであるが、使用する場合には注意が必要である。「あなた」は、通常目下に使用し、目上には使用しないからである。

　　あなたの会社の業績はどうですか

は、「あなたの」を省略して、「会社の業績はどうですか。」聞き手の名前がわかっていれば、「田中さんの会社の業績はどうですか。」「田中さん、会社の業績はどうですか。」となる。

文において主語が義務的制約である英語では 'you' は絶対必要であるが、日本語では面と向かい合っている相手である場合は、必要ない。特に「あなたは」は、話し手が聞き手を同等以下に見ていることを表す語彙であるため、聞き手はあまり良い気持ちがしないことを指導しておくとよいだろう。

以上の「Nは」の助詞「は」は、「Nに関して次に述べますよ」の意味である。したがって、「ニューヨークはいま夜です。」などの表現が可能である。

日本語の助詞「は」にはこのような主題を表すほかに対比を表す助詞「は」がある。対比の助詞「は」は、「てんぷらは好きですが、刺身はすきではありません」など、対比させるときに使われ、この助詞「は」は省略できない。対比の文型が出てきたときに指導すればよい。

5.2.2 「の」

助詞「の」は「N2のN1」として指導される。N1をN2が修飾するとき助詞「の」を使用する。日本語の名詞の修飾は、修飾する名詞が常に修飾される名詞の前にくる。

　　日本語の本、スミスさんの本、1000円の本、山のふもと　など

例外がない。英語のように、修飾する名詞が修飾される名詞の前にきて、'Japanese book'、'Mr. Smith's book' や、'of' をつけて 'the foot of the mountain' などのように名詞の後にきたりすることはない。

名詞の修飾

名詞の修飾に関しては、常に名詞の前に来ることは前述した。名詞だけでなく、形容詞、動詞もすべて名詞を修飾する場合は名詞の前にくる。英語のように関係代名詞を使用して後ろから名詞を修飾することはない。但し、修飾の際にそのままの形で修飾するのではなく、動詞など文が名詞を修飾する場合は、丁寧形の「ます形」ではなく、普通形にしてから名詞を修飾する。したがって日本語教育では、連体修飾を指導するときは普通形の指導の後ということになる。

N2　の　N1　にほんご の 本
い形容詞　N1　たかい　本
な形容詞　N1　きれい　な 本　（な形容詞はいわゆる形容動詞）
動詞　N1　昨日読んだ　本　（動詞は丁寧形「読みました」ではなく普通形「読んだ」）
文　N1　山田さんがインターネットで買った　本

日本語の名詞の修飾はこのように例外なく修飾する名詞の前にくるが、文が来る場合修飾する文の主語には助詞「は」はとらず、助詞「が」になる。

？　山田さんはインターネットで買った本
　　山田さんがインターネットで買った本

このように名詞の前に修飾語や修飾句、修飾節がくるので、文章などで長い修飾文がくるとどこからどこまで名詞を修飾しているかわからないと、文の解釈が異なったりする。

5.2.3　その他の助詞「を」「で」「に」

1)　「を」

初級では、助詞はそれだけを取り出して指導することはなく、文型で指導すると述べたが、「を」などのいわゆる格助詞と呼ばれているものは、動詞と一緒に指導する。名詞述語文の後に基本的な動詞を指導する場合が多い日本語指導では、「を」は目的語を取る動詞と一緒に使い方を指導する。日常の生活を説明したりするときに必要な動詞、例えば「食べる」を指導する際、「食べる」を丁寧にして「たべます」「たべました」というだけでなく、目的語を必要とする。その際「を」を一緒に指導する。

N1　を　食べる（そのほかに　読む、書く、話す、飲む　など）

パン　を　たべます。

新聞　を　よみました。

コーヒー　を　のみます。

日本語　を　はなします。

初級の動詞で助詞「を」をとるものに自動詞もある。出発点をあらわす「を」であり、動詞は「出る」、「出発する」などで出発点を必要とするものである。

家をでる。明日８時に家を出ます　など

2）「で」

このような目的語を取る一般動作動詞は、動作をする場所を必要とすることがある。

場所を表す名詞の後に助詞「で」を使用する。

N2（場所）　で　N1　を　V

場所を表す助詞「で」が導入できる。

レストランで　ステーキを　たべました。

きっさてんで　お茶を　のみました。

もちろん助詞「で」には

はさみ　で　切ります。

など手段を表すものもあるが、動詞文では、最初に指導する際には、他動詞文が多く、格助詞のような他動詞に必要な助詞を中心として指導する。助詞の用法はいろいろあるが、一度に指導せずに動詞がとる目的語に必要な助詞から指導したほうが混乱しないし、格助詞などの文法用語を使用する必要もない。

3) 「に」

他動詞は「を」を取るが、中には助詞「に」をとるものもある。

N　に　あう　　ともだちに　あう

他動詞は日本語で「を」をとるものがほとんどであるが、「会う」は助詞「に」をとる。「会う」は英語では 'to meet' で他動詞であるため、英語母語話者は、'to meet a friend' となり「ともだちをあう」という誤用を犯しがちであるが、「会う」の場合は助詞「に」を取ると指導する。日本語指導では常に新しい動詞を指導するときはどのような助詞を伴うかも一緒に指導しておくと動詞を使うことができる。助詞も一緒に習得できる。

(1)　存在文の助詞「に」

動詞述語文に存在を表す存在文があり、存在文では場所に助詞「に」が接続する。日本語指導の初期に物の存在を表す文の動詞は「ある」「いる」である。

「ある」「いる」の使い分けは、存在するまたは所在するものが有情物かどうかである。このような使い分けをするのは日本語の特徴の一つといえよう。日本語を学習する学習者の母語では、このような使い分けがないことが多いので注意が必要である。英語などは存在物が単数か複数かで「There is」「There are」はあるが、存在物は人でも物でも同じである。

日本語の存在文に必要なのが場所を表す助詞「に」である。

N（場所）<u>に</u>　　N（存在物）<u>が</u>　　ある／いる
いえのまえ<u>に</u>　　郵便局<u>が</u>　　あります
教室<u>に</u>　　やまださん<u>が</u>　　います

「あります」、「います」の使い分けと場所に助詞「に」が付くこと、そのほかにこの文型では助詞「が」提示される。学習者にとって、「あります」、

「います」の使い分けに加えて助詞にも注意が必要である。また、存在文では助詞「は」と「が」がでてくるので注意を喚起する必要がある。

家のまえに　郵便局が　あります。

郵便局は　　どこに　　ありますか。

日本語母語話者でも話しことばでは助詞なしで話すことも多いが、存在文では「に」「が」「は」の省略はしないので、学習者には意識させる必要がある。

動詞述語文で他動詞を指導するときの助詞として動作の場所を表す助詞「で」について述べたが、場所には助詞「で」が付くと記憶すると、存在文の「ある」「いる」で助詞の誤用が起こる。

デパートで　シャツをかいました。

？デパートの地下で　食品売り場が　あります。

日本語の学習が１か月ぐらいで、一般的によく使用される動詞や存在文の動詞が教えられると、学生のなかには、昨日の出来事を説明しようとして、

「昨日　デパート……　先生『で』ですか『に』ですか」と聞くことがある。

次に来る動詞が何であるか、つまり、何かしたのか、何かあったのか、いたのかで助詞が「で」か「に」で異なるため、何を言いたのかわからないと聞かれても、教師は答えられない。

日本語を母語とする人はこのような場合、名詞に助詞を付けて、次を考える。

Ａ：昨日　デパートでー

Ｂ：どうしたの？

Ａ：小学校時代の友達にばったりあったの。

となるだろう。話し手も聞き手も助詞「で」がついたことにより、続く文が存在ではないというのを理解しているから、聞き手も「どうしたの」というような会話がなりたつのである。

⑵　時を表す名詞につく「に」

その他に日本語学習の初期に学習する助詞「に」の用法に時を表す名詞につく「に」がある。「2017年に」「１月に」「10日に」「金曜日に」などである。

但し、時を表すのに助詞「に」を必要としないものもある。例えば、「朝」「夜」「毎日」「毎週」など、繰り返される時には通常つかない。

　　毎日　　10時に　ねます。

　？毎日に　10時に　ねます。

時を表す名詞は動詞述語文では、自動詞文にも他動詞文にもつけることができ、動詞を選ばない点で便利である。

　　1968年６月に　うまれました。

　　明日10時に　　東京駅のホームで　あいましょう。

　　先週金曜日に　友達と　ビヤホールで　ビールを　のみました。

　　今晩10時に　　家に　います。　など

上記の文に出てきた「と」は一緒にという意味であり、そのほかの助詞はあまり動詞の制約を受けないので意味を記憶すれば、学習者にとってむずかしくはない。

往来の動詞である「いく」「くる」なども到達点を表す助詞「に」や助詞「へ」と一緒に指導される。

　　日曜日に　友達の家　に／へ　いきました。

　　明日３時に　事務所に　きてください。

文法に助詞を必要としない言語を母語に持つ大半の日本語学習者は、学習する助詞の数が増えてくると混乱し、誤用を起こしたり、使用を回避して省略したりする。初級の時点でしっかり助詞を指導しておかないと、話し言葉では何とか場面の助けでコミュニケーションができたとしても、書き言葉のメモなどでは支障をきたす。必要な個所の助詞が脱落した文は、誤解が生じたり、成人の日本語として不適切になる。

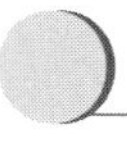

5.3　授受表現

授受表現というのは日本語指導では、「やりもらい」と言われている。「あげる」「もらう」「くれる」などである。授受表現がなぜ日本語を母語としない学習者にとってむずかしいかというと、日本語には他言語にない「くれる」があるからである。外国語では 'to give' に当たる動詞が与える方向によってかわることがない

Mr. Tanaka gave Miss Smith a Japanese dictionary.

田中さんがスミスさんに日本語の辞書をあげました。

Mr. Tanaka gave me a dictionary.

田中さんが（私に）辞書をくれました。

しかし、日本語の場合は「私にあげる」は使用できず、「くれる」を使用する。さらにこの授受表現は待遇表現とかかわっている。つまり誰に対する授受であるかによって、以下のように表現を使い分ける。

やる、あげる、さしあげる

くれる、くださる

もらう、いただく

このように、日本語の授受表現が授与する方向、また相手により動詞を使い分ける必要があり、日本社会の人間関係の捉え方にある程度知識がないと、失礼になる場合があるのでむずかしい。

日本語には先ほどの例のように物の授受の他に、行為の授受がある。日本人が普通に使っている表現である「〜てもらう」「〜てくれる」など動詞の「て形」に授受動詞が続くもので、英語などには訳しにくいものである。非常に日本的な表現といっていいだろう。

A：日本語が上手になりましたね。

？B：ええ、先生が上手に教えましたから。

文法的な間違いがないが、通常「教えてくださったから」という表現を日

本語母語話者は使用する。これは先生が「教える」という行為に対する恩恵を感じて使用するのである。これは、ほかに人がする行為に対しての感謝の気持ちを表すものであるが、日本人の場合は子どものころからの日本語の習得の中で自然に使用できるようになる。もちろん、「教える」などの動詞を直接使用せずに、「おかげさまで」などと受け答えができたらもっと日本語のコミュニケーションに近づく。

昨日筆記用具を持っていくのを忘れたんだけど、友達が貸してくれたんで助かったよ。

この場合も「友達が貸したので」という表現はとらない。

日本語は人間関係を大事にする言語であるというのを、前に述べたが、授受表現の使用が一つの例である。

子どもの時から、友達とおもちゃの取り合いをしている子どもに、親は

おもちゃを貸しなさい　　ではなく

おもちゃを貸してあげなさい。 といっている。

日本語の授受動詞で動詞の「て」形に接続するこのような表現の中には、気を付ける表現がある。例えば、目上の人に対して「て差し上げる」を使用すると、行為の押し付けのように聞こえるので、通常、自分の行為を下げる謙遜の表現をする。そのほうが尊敬度があがるからである。

(重そうな荷物を持っている先生に対して)

もってさしあげましょう。より

おもちしましょう。　　「お～する」の謙譲表現を使用するのである。

日本語の文法や音声などは、比較的規則的でやさしいが、日本語には、日本社会の人間関係の維持、特に良好な人間関係を維持したいという気持ちが言語使用の根本に流れているため、失礼にならない適切な言語使用の習得となるとむずかしい。

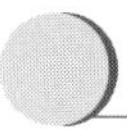

5.4　対になっている自動詞、他動詞

一般に他動詞は目的格の「を」を取る動詞とされる。日本語を学習する場合、むずかしい項目の一つは、日本語には対になっている他動詞と自動詞があることである。例えば、「開ける、開く」「止める、止まる」「沸かす、沸く」などである。日本語を母語としている日本人は「窓が」とくれば、「開く」であり、「窓を」とくれば、「開ける」となんの疑問もなく続けることができる。

しかし、この対になっている動詞群は、特に動詞の形に規則がないため、一つ一つ語彙として習得していかなければならない。したがって、よく使用される動詞の対は覚えても、そうでないものが出てくると上級の学習者でも次のような誤用を起こす。

？お湯が沸かす　お湯を沸く　　くるまが止める　など

よく使用される対になっている自動詞、他動詞は、助詞で止めてそのあとに続く動詞がすぐに出てくるように練習する以外ないであろう。

窓が→閉まる　窓を→閉める　ドアが→閉まる　ドアを→閉める

このような対になっている自動詞と他動詞は状態を表すときに、単に状態を表すのか、誰かが何らかの意図などがあってそのような状態にしているのか、つまり、誰かの動作の後の状態かで「窓が開いている」「窓が開けてある」と使い分ける。状態であるため、どちらも助詞「が」を取り、前者のほうは、「自動詞＋ている」、後者のほうは「他動詞＋てある」となる。

例えば、「鍵がかかっている」は単に状態をのべているが、「鍵がかけてある」だと、貴重なものが入っているのでとなり、鍵をかけた動作者がいることになる。「鍵をかける」などの他動詞は学習しやすいが、「鍵がかかる」の自動詞も習得していないと単なる状態を表す「鍵がかかっている」「車が止まっている」「お湯が沸いている」などが理解はできても使えないことが多い。

5.5　受動態

日本人は物事をどの立場から見ている傾向があるのだろう。

事態の行為を動作者から見て述べるのが能動態である。他方、動作者ではなく、動作の受け手からの視点で事態を見て述べるのが受動態である。事態を動作者から見るか受け手から見て叙述するかである。したがって、同じ事態に直面しても、その言語話者がどちらの立場から事態を把握するのを好むかにより、能動態を使用するか、受動態を使用するか異なる。

例えば、通りを歩いていて、誰かがぶつかり後で気が付いたとき財布がなかった場合、日本語母語話者なら100％「財布をぬすまれた。」と受け身を使うであろう。

しかし、同じ事態でも英語などでは "Someone stole my wallet." (誰かが私の財布を盗んだ) と動作者から事態を見て能動態を使う。同じ事態でもこのようにどの立場から事態を述べるかで異なる。日本語では、動作の受け手から見る傾向があり、それが被害に結びつくため、「財布をぬすまれた。」と聞いただけで、被害の気持ちを察し「それは大変でしたね。」と答えるのである。

特に、被害を被ったということになると、自動詞も日本語では受身をとる。

　　どうしたんですか。ずぶぬれですよ。そうなんです。急に雨に降られて

　　妹の子供を預かったんだけど、泣かれて大変だったよ。

受身の分類はいくつかあるが、一般的に直接受身と間接受身に分けられる。

直接受身は、「田中さんは先生にほめられました」、「息子は父親に叱られた。」などで、「先生が田中さんをほめました。」「父親が息子をしかった。」のような受身文に対応する能動文がある。英語の受身と同じであるため、学習者には理解しやすい。直接受身は日本語の受身の特徴と言われる迷惑や被害の意味は生じない。「叱る」のように動詞自体に迷惑、被害の意味がある

場合は、迷惑、被害の意味が生じるが、受身文にすることによって生じるわけではない。

一方、間接受身は、直接受身のような対応する能動文がなく、迷惑、被害の意味が生じる。被害を受ける持ち主が主語になる持ち主の受身や自動詞の受身がある。

持ち主の受身「田中さんは携帯を壊されました。」

自動詞の受身「夜、子供に泣かれました。」

そのほかに主語に無情物が来る受身がある。

「日本の自動車は世界に輸出されている。」などであるが、動作者が特定できないまたは必要ないため省略されているだけで、直接受身になる。

しかし、日本語の受身文は、通常、人や動物などの有情物が主語になるため、無情物の主語は中立的な表現となる。

日本語の受身の特徴は、間接受身があることであり、単に対応する能動文がないだけでなく、迷惑、被害の意味が生じることの理解が必要である。間接受身に込められた迷惑、被害の意味を共有し、共感することによって、円滑なコミュニケーションが成立する。

前述したように、「きのう、夜中子供に泣かれてね・・・」に対して「そうですか。」ではなく、「それは大変でしたね。」「それでは、寝不足ですね」などの共感を示す応答が期待されるのである。日本語の受身の指導では、単に受身文の形態の練習ではなく、談話における練習の中で被害、迷惑があれば間接受身が使用でき、それに対して聞き手は話し手の被害、迷惑の感情を受け取り、共感した表現で応対できるように指導するのが望ましい。このような指導で、場面において適切な受身文が使用できるだけでなく、円滑なコミュニケーションができ、人間関係が良好に維持される。

本章では、外国語を母語とする学習者に日本語を指導する際に、学習者の母語との相違から習得に問題を起こす初級文法について、特に、指示詞、助詞、授受動詞、対になっている自動詞・他動詞、受動態を取り上げ述べた。これらは日本語母語話者は自由に使用でき、何の問題もない文法であるため学習者が習得するのに困難を感じていることに気づきにくい。

以上、これまでの章では、日本語の文字、文法などの言語形式を扱ってきた。次章では、日本語の正確な使い方ではなく、適切な使い方について述べる。日本語の適切な使い方は、日本語母語話者にとっても決してやさしいものではない。第６章では、特に日本語の特徴である配慮表現に焦点を当てて論じる。

第6章

日本語の配慮表現

日本語では敬語が発達しているのはよく知られている。日本語の学習においても指導においても日本語の敬語はむずかしい項目の一つに挙げられる。蒲谷（2005）は、敬語は待遇コミュニケーションとして扱うことが望ましいと述べている。待遇コミュニケーションには、尊敬語、謙譲語、丁寧語の敬語表現と配慮表現があるという。それでは、日本語の配慮表現とはどういうことなのだろうか。敬語表現とどうちがうのであろうか。

敬語表現は、相手との対人関係つまり目上か目下かとか親しいか親しくないかの判断を間違わなければどの言語形式を使用するかは選択可能である。つまり、話の内容、目的は関係ないのである。例えば、目上の人にケーキが食べたいかどうか聞く際、「ケーキ召し上がりたいですか」というのは敬語表現では正しいが、果たして日本語でそのような表現をするだろうか。否である。日本語では目上の人の願望を直接尋ねることは失礼とされるからである。

一方、配慮の表現は、敬語表現と違い、会話の内容や目的が関係する。つまり敬語を使用しなければならない相手かどうかより、会話の内容が相手にどのような心理的負担をかけるか、緊急性や必要性があるかをその都度考慮して表現する。この配慮表現は対人関係維持のための配慮であり、日本語固有のものであり、豊かであるといわれる（山岡他、2010）。

例えば（1）玉ねぎをみじん切りにしてください。

(2)　塩をとってください。

(3)　すわってください。

(4)　あれを見てください。

(5)　週末たのしんでください。

(6)　もう一つサンドイッチを召し上がってください。

これらは同じ言語形式の「ください」を使用しているが、聞き手の負担と利益が異なる。

(6)の「もう一つサンドイッチを召し上がってください。」は、聞き手の負担はなく、利益につながるが、他方(1)の「玉ねぎをみじん切りにしてください。」は、聞き手の利益ではなく負担につながる。

しかし、同じ「玉ねぎをみじん切りにして。」を

「悪いけど、玉ねぎをみじん切りにして」

「ちょっと悪いんだけど玉ねぎをみじん切りにしてくれないかなあ」

とするとどうであろうか。下線部をつけても聞き手の負担はかわらないが、配慮が相手に伝わる。配慮が相手に伝わることによって相手の負担感が相対的に緩和される。このように選択された表現が配慮表現である。配慮表現という用語は副詞や文末表現などに現れる。副詞が配慮を表すのは、副詞が本来持っている語彙的意味を対人コミュニケーション上の機能に特化させて生じた二次的用法と言えるとされる（山岡他、2010）。「ちょっと」「まだまだ」「確かに」などがある。

例えば、東京育ちの君にはちょっとわからないかもしれないけれど（山岡他、2010：192）

明日引っ越してつだってくれる。

ちょっと無理かも。

「ちょっと」は程度副詞で本来の意味は「少し」であるが、上記の文は「少し」に置き換えると不適格か、少なくとも意味が異なる文になる。

文末表現では、話者の心的態度を表すモダリティ形式、伝達機能がある終

助詞、言いさしなどで配慮が表される。

手伝ってもらいたいんだけど……

行けないかもしれない。

日本語の配慮表現については、まだ研究が十分なされているわけではないが、日本人の相手との対人関係をなるべく良好に保つことに配慮し用いられる言語表現であり、言語表現で情報が正確に伝わればよいという他の言語とは相違がある。

例えば、依頼における配慮表現で（山岡他、2010：146）

「図々しいお願いだけど(A)、もしよかったら(B)、司会をやってくれないかな(C)……。」

Aは相手にかかる負担に対する消極的配慮

Bは協力への心理的圧力を軽減する積極的配慮

Cは協力への意思決定権を相手にゆだねる積極的配慮

敬語表現であれば、「司会をやっていただけないでしょうか」で相手に対する敬意を言語表現として十分表現しうるが、司会のような面倒な仕事をお願いする協力は得られるだろうか。「ないでしょうか」は丁寧であるが、断わりにくい。

日本語教育においても、外国人のどのような誤用を問題にすべきかが、最近議論されている。数十年前では、文法や語彙が正確に使用できるようになればよく、文法的な誤用や語彙の使用や音声の正確さの誤用がコミュニケーション上問題となるとされた。

例えば　学生がたくさん図書館に勉強します。

学生など人の場合は「大勢」で、「勉強します」などの動作動詞の場合は動作をする場所は助詞「で」であると誤用が指摘され、訂正させた。

しかし、学生同士が授業のあと、みんなでカラオケに行こうと相談しているところに教師が入ってきたので、学生の一人が

「先生も一緒にカラオケに行きたいですか。」

といったとすると、どうであろうか。文法、および語彙の間違いはないのに、日本人母語話者なら違和感を持つであろう。これは、日本語では、目上の人や親しくない人の願望、希望を直接質問するのは失礼であるからである。英語などでは、誘いの表現として使用できるであろうが、日本語では、間接的な表現をとる。例えば、「先生もいかがですか。」などである。

相手の願望をどんなに敬語を使用したとしても失礼なのである。

先生もご一緒にカラオケにいらっしゃりたいですか。

同様に目上の人を直接的に褒めることも日本文化としては失礼になる。

先生の教え方は上手ですね。

先生の論文は優れていますね。

これも敬語を使用してもこのような行為自体が失礼になるのである。

先生の教え方はお上手ですね。

この表現はかえって皮肉にも聞こえるから要注意である。

先生の論文は優れているというのも、英語などではよいのであろうが、日本では、評価する立場にいる人が評価するのはよいが、たとえ評価が良くても評価する立場の人でない人が相手の行為などを評価するのは僭越ということになる。これは、日本の文化に精通していないと、日本語の文法などを学習しただけで、どんな場合に使用できるか、どんな場合には使用してはいけないかの適切な使用について学ばなければ人間関係が悪くなる可能性が高い。残念ながら、このような日本人のものの考え方を踏まえて、どのような表現が適切でどのような表現が適切でないかは、まだ、十分研究されておらず、学習者の使用するテキストにはまだ反映されていない。直接的な表現をせずに間接的に述べるほうが、相手の行為に関しては、敬意が高いことはなかなか指導するのはむずかしい。

話し手の願望は、どこどこへ行きたい、食べたい、読みたいといえるが、その場合でも、配慮表現を使用する。

たとえば、「～へ行きたいんですが……。」「～を食べたいんですが……。」

能力についても、他人の能力について目上や、初対面のように親しくない場合は使いにくい。

　　英語ができますか。 英語の新聞が読めますか。

それなら、自分の能力についてはどうかというと、日本語では、なるべく自分の能力をそのまま述べずに謙遜する。能力があっても、「あまり上手ではない」と言ったり、制限をつけて、「このくらいならできますが……」という。

他の言語の国の人であったら、どうであろうか。「日本語が話せますか」と聞くと「話せる」と答える。聞いてみると、「こんにちは」「ありがとう」程度である。日本人はこの程度は話せるに入らない。結構ある外国語ができたとしても「日常会話程度なら、なんとか……」と述べることが多い。

話し手が自分のことを謙遜していうのは、場合によっては、誤解を生じる。「つまらないものですが……」と言ってプレゼントを渡すと、つまらないものならプレゼントしなければいいのにと外国人は反応する。しかし、日本人がこの表現をするのは、自分の行為が相手の負担にならないように配慮しているからである。日本人は自分の言語表現に相手への負担を感じさせないように配慮する。プレゼントをするが、自分の気持ちだけなので、プレゼントをもらったことについてそんなに負担に思わないでくださいという、話し手から受け手に対する配慮で、これが日本語では非常に発達しており、日本人の人間関係を良好に維持するのに役立っている。日本語がかなりできる上級の日本語学習者でも、なかなかこのような配慮表現が理解でき、使用できる外国人は多くない。

日本人は相手の言い方に「イラッ」としたり、不快に思っても、それを口に出して言わないので、余計外国人にはわかりにくい。これは、日本人でもそうである。「空気が読めない」人と言われる人がそうである。言語表現されたものだけで、話し手の意図がわかればよいが、日本語は聞き手が話し手の意図を「察し」なければならない。「察する」のは、言語表現されていない場合が多い。

日本語で本当にむずかしいのは、日本語の文法規則などを学習し、正確に使用できるようになることより、話し手と聞き手の場面において、相手の意図を理解し、相手に負担を感じさせずに適切な表現をすることである。適切な言語使用、または、言語を使用しないことが適切な場合には言語に依存しない。日本語がやさしいかどうかといえば、文法、語彙の正確な使い方は規則的でやさしいが、相手との人間関係を壊さずに、友好な関係を維持していく言語表現を場面にあわせて適切に行うことは、非常にむずかしいといえるだろう。

最近、日本人でもコミュニケーション力のない若者が増えているといわれているが、これは、日本語母語話者でも日本語は話せるが、相手への配慮のある適切な言語行動がとれていない人が増えているからであろう。日本語の言語使用の特徴は、情報伝達より人間関係の良好な維持であるため、その場における人間関係に摩擦を起こさず、良好に維持していくにはどのような配慮表現を取るべきかの習得が必要である。しかし、配慮表現は、話し手だけでなく、聞き手においても配慮の基準が異なることがあるため、話し手は配慮しているつもりでも、聞き手は配慮が欠如していると取る可能性があることが配慮表現のむずかしさであろう。

若い部下が上司に対して敬語を使用して「先日提出しました企画文書、ご理解いただけましたでしょうか。」と言ったとすると、一見敬語の問題はないように見えるが、上司は部下の発話に対して、「理解したかなんて、なんて失礼な部下だ」と思うであろう。

円滑なコミュニケーションのための手段である配慮表現の指導には、今後さらに多くの事例を集めて、日本人はどのような配慮表現、また、配慮行動をとっているのか、場面毎に明らかにする研究が必要である。

以上、本章では、日本語使用の特徴の一つである配慮表現について、述べた。配慮表現は日本語でもっとも発達している表現であるが、場面での相手との対人関係だけでなく、会話の内容や目的にも関連し、相手への心理的負担をかけずに、緊急性や必要性をその都度考慮して表現するため、日本語を母語としない学習者には、上級になっても適切に使用するのはむずかしいし、母語話者ですら気づかずに使用しているため、指導もむずかしい。

第7章

その他の日本語の諸相

本章では、そのほかの日本語の諸相として、日本語を指導する際、知っておくとよいと思われる項目を取り上げる。以下取り上げるのは、日本語の事態把握、主語の問題、複合動詞、オノマトペ、省略語、文体である。

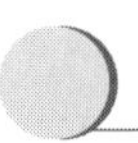

7.1 日本語の事態把握

認知言語学では、日本語は主観的事態把握をする傾向があり、英語は客観的事態把握をする傾向があるといわれる。事態把握とは〈発話〉に先立つ〈認知〉の営みと定義されている（池上、2009）。つまり日本語と英語では事態把握の仕方の好みが異なるという。

池上（2009）によると、感情を中心とした心理過程の言語化では、日本語では、「がっかりする」というが、英語では‘be disappointed’が使われる。気持ちや感情の変化という出来事は、日本語話者にとっては〈自然とそうなる〉（つまり〈自発〉として受け止められているようだが、英語話者にとっては〈何かがそうさせる〉）（つまり、〈使役〉）としてとらえられているということのようだと述べている（池上、2009：20）。

〈起因〉に拘って〈事態把握〉をするのが英語話者における一つの〈好まれる言い回し〉だとすると、〈起因〉を考慮外において出来事そのものの〈出来（しゅったい）〉に焦点を当てて〈事態把握〉をするというのは日本語話者における一つの〈好まれる言い回し〉として措定することができるのではないかという（池上、2009：22）。

日本語の主観的事態把握というのは、認知主体の話者が「いま　ここ」で見える事態を表現する言語だとされる。「雨が降る」と客観的な表現をせずに話者中心に「雨が降ってきた」という。「てくる」を使用する。

また、道に迷ったとき、日本語を母語とする日本人なら「ここはどこですか。」と聞く。この表現には、日本人なら今私は、ここがどこかわからないから、どこですかと聞いていると答える。しかし、これを英語にして“Where is here?”では英語を母語とする話者には通じない。

英語話者では、“Where am I?”（私はどこにいますか。）と尋ねる。日本人からみると「あなたはそこにいるではないですか。」なぜそんな質問をするのか疑問に思う。

日本語では、話者は「いま、ここ」に臨場的・体験的に事態を把握しており、話し手からの〈見え〉を言語化するため、自分自身は認識の対象として見えない。見えない対象は言語化しないため、「私は」言語化されずに、「ここ」つまり、「今、目にしているこの空間」はどこかを聞くのだという。

他方、英語では、客観的に事態把握するため、道に迷っている「私」をもう一人の「私」が客観的に外から観察し、道に迷っている「私」はどこにいるのか聞くし、第３者の田中さんがいない場合でも“Where is Mr. Tanaka?”（田中さんはどこですか）で同じ客観的事態把握をする。

このように、同じ事態でも、言語により認知の把握の仕方が異なれば、言語化される表現の仕方が異なる。言語に認知主体の考え方を取り入れて言語を説明する認知言語学により、言語の形態や意味などの相違ではなく、言語化する前に事態をどう把握し認知するかの相違が言語の相違に反映されるかなどが明らかにされつつある。同じ言語を母語とする話者同士のコミュニケーションでは、共通の事態把握をしており、話し手と聞き手に共感も生じるため、コミュニケーションが適切に成立するが、異なる言語を母語とする話者とのコミュニケーションでは、当該言語ではどのような事態把握をするのか理解していなければ、形式や意味を理解しただけでは適切で自然な言語使用にはならないであろう。

日本語を母語とする日本人が何年も英語を勉強しても、コミュニケーションが上達しないのは、言語の仕組みが異なるからではあるが、その背後にはそもそも事態把握の仕方の好みがちがっているからであることの認識が必要かもしれない。

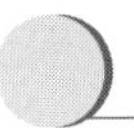

7.2　日本語に主語はいらないのか

7.2.1　主語の省略

日本語の主語に関しては、三上（1953）の主語廃止論が有名である。三上は、日本語には英語などの「主語」「主述関係」という概念での「主語」はないと主張している。

すなわち　英語の

(1)　I am a student.

(2)　He loves Mary.

(1)では私＝学生で(2)の「彼はメアリーを愛している」では、'He' の主語に 'loves' と 'love' に 's' が付き、主語と述語動詞との一致がある。日本語では「私は学生です。」で助詞「は」がついている。「私」は一見主語にみえるが、日本語には「私はうなぎです。」や「授業は9時からです。」など言えることから、日本語は英語などのヨーロッパ言語のように主語述語関係ではないという。助詞「は」の名詞句は「私に関していえば」「授業に関していえば」となり、主題であるとしている。つまり、文法論からいうと、日本語は英語のような主語述語動詞の関係ではなく、主題解説関係であるという。日本語学では「は」は文の主題を表し、「が」は主格を表す。品詞では「は」はとりたて助詞、「が」は格助詞になる（庵、2001）。

いわゆる学校文法では、文の中で構文的に「は」「が」を取る名詞句を「主語」としている。しかし、日本語では、英語の主語のように構文上絶対必要なものではない。

日本語の使用では、運用上主語は省略されることが多い。以下の例を見てみよう。

どなたですか。

スミスです。

対人でコミュニケーションしている場合は、「あなた」や「わたし」などは言わなくてもよい。つまり、話し手は自分のことを言っているし、目の前の相手は誰であるかわかるから、いちいち述べる必要がないのである。この場合、「あなた」や「私」を述べると間違いではないが、日本語として自然ではない。

主語が文において義務的制約である言語を母語とする学習者はともすると、

私はリーです。あなたはどなたですか。

あなたは、週末何をしましたか。など主語を付けて話す。

日本語のテキストにも第1課などの自己紹介の場面で上記のような文が提出されていたりするので、主語をつける学習者を攻めることはできないが、問題はかなり上級になっても、メールには、「私」をつける学習者がいることである。

例えば、次のようなメールを受け取ることが多い。

先生　おはようございます。私はリーです。

日本語では、「リーです」だけでよい。「私は」の使用は特に相手に不快感をおこさないが、「あなた」の使用には注意が必要である。日本語では「あなた」の使用範囲は広くない。通常、相手を「目下」とみているときに使用する。使用しなくてよいときは省略する。

「あなたは先生ですか。」ではなく、「先生ですか。」とするか、田中さんという名前がわかっていれば、名前を使用する。

　　田中さんは先生ですか。

　外国人に日本語を指導する日本語教育でも、最近のテキストのようにコミュニケーションを重視するものでは、会話の中で「あなた」は使用されていない。実際の会話の中で「あなた」を使用されると、使用された人は見下されている感じがするし、また「あなた」を使用する人を「尊大な人」と評価し、敬遠したりして、好ましい人間関係にはならないからである。

7.2.2　文章などでの主語省略と視点

　次に、あるいくつかのコマの画面を描写した日本語学習者の産出した文章をあげる（Nhung, 2016）。

　　太郎が公園に来ると、次郎が自転車で遊んでいた。

　　太郎は次郎に「自転車を貸して」と言った。しかし次郎は「いやだ」と言って、自転車を貸さなかった。太郎は仕方がないので、一人でサッカーボールをけって遊んだ。でも太郎は面白くないので、家に帰った。

　文法や語彙の間違いはないが、日本語母語話者には、不自然に感じる。同じ画面を日本語母語話者が描写すると下のような文章になる。

　　太郎が公園に来ると、次郎が自転車で遊んでいた。

　　太郎は、次郎に自転車を貸してくれるように頼んだが、断られた。仕方がないので、一人でサッカーボールをけって遊んだ。しかし、面白くないので、家にかえることにした。

　何がちがうのだろうか。学習者の文章には、下線部の主語が多いことがわかる。「太郎は」「次郎は」「太郎は」「太郎は」と続く。一方、日本人の文章は、初めに「太郎は」が来るが、そのあとの文には主語が省略されている。

　日本語学習者の産出する文章では文法的には間違いがないが、日本語母語話者からすると不自然に感じることは第二言語習得の研究で指摘されている

（田代、1995など）。その原因が、日本語母語話者の文章と比較すると視点の表し方の相違にあるという。視点とは出来事を見る言語主体（話者）の立場のことである。

また、日本語には視点の一貫性の制約がある（久野、1978）。池上（1983：36）では、「大きな段切れがない限り視点の一貫性がテキストの構成要素として要求される」と述べている。日本語学習者の文章の実証研究では、多くの学習者は視点の一貫性に欠けるという（金、2001、奥川、2007など）。視点は視座（対象を見る眼の位置）と注視点（視座から見た時に注目される対象の側面と属性）にわけられる（佐伯、1978）。注視点は主語によって判定される。前述の日本語母語話者の文章をみると、主人公太郎に視座が固定している。太郎の立場が一貫しているため、「貸してくれる」の授受表現、「断られた」の受身表現が使用されている。また、太郎に視座が固定されているため、主語が必要でなく、省略されている。一方学習者の文章には、授受表現や受身表現などが使用されておらず、動作主からの表現になっているため、主語の省略がおこっていない。

認知言語学では、主語の明示と事態把握について次のように話者がどこから事態を見ているのかが関係するとしている。本田（2009：178）は、日本語と対応する英語文を比較して、

あ、雨降ってる！－え、ほんと？　全然聞こえなかった。

Oh, It's raining! Really?　I didn't hear anything.

日本語に主語が明示されていないのは、日本語が状況内的・臨場的・当事者的な視座から事態を把握して語る傾向が強い言語であることによるものだと述べている。日本語の話者は、事態を当事者の視座から把握するため、自分自身を客体化して捉えることが少なくなる。客体化されない自己は姿としてとらえることができないため、明示することができないのだという。つまり、「言おうと思えばいえるけれども必要がないから言わない」のでなく、「言えない」のだという。

しかし、対比の「は」の場合は、他者と同列にとらえるため、すなわち自己の客体化が起こるため、「私（に）は」のように明示が可能になると認知言語学の観点から日本語の主語の明示について述べている。

それでは、日本語の特徴である文章における視点の一貫性は、日本語学習者に指導可能なのであろうか。第二言語習得研究では、視点の指導はまず意識させることが必要であるとの指摘があるが、実際に指導の研究は少ない。Nyung（2016）はベトナム人の中上級の日本語学習者に同一漫画画面を描写した学習者の文章と日本語母語話者の文章を比較させ、視点に気づくかどうか調査している。その結果、主語の明示、非明示は気づいたが、視座の一貫性には気づかなかったという。しかし、教師が視座の説明をし、練習問題をさせると、学習者の文章に視点の一貫性がみられるようになり、視点を気づかせる指導の効果があり、また、その効果は継続したと報告している。

このことから、中上級での学習者の自然な文章産出には、日本語の特徴といえる文章における視座の一貫性に気づかせることが必要であり、視座の一貫性に関連する授受表現、受け身表現なども、一文ではなく、談話の中で意識化させることが肝要であるといえよう。

7.3　複合動詞

動詞では、本動詞といわれる「書く」「読む」「飛ぶ」などが思いつくが、実際に母語話者が使用しているのは、動詞の複合形態が多い。例えば、「書いてみる」「読んでしまう」などのように前に来る動詞（前項動詞）の「て形」に後続の動詞（後項動詞）が接続する補助動詞や、「書き出す」「読み解く」など前項動詞の連用形に後項の動詞が接続される複合動詞といわれるものである。複合動詞は、アジアの言語に見られるが、特に日本語が多様で特徴的であるという（影山、2013）。

森田（1978）は、日本語の複合動詞は本動詞と並ぶ重要な役割を果たしており、複合動詞の前項動詞、後項動詞が学習者に既習語であってもそれらを合成する全体の意味が理解できるとは限らないと複合動詞習得の問題を提起している。

複合動詞は、語形成の観点から「統語的複合動詞」と「語彙的複合動詞」に分類される（影山、1993）。統語的複合動詞は、前項動詞が後項動詞の主語や目的語になるいわゆる補文関係を取る。例えば、「食べすぎる」は「食べることが過ぎる」で、前項動詞は後項動詞の主語になっている。また「歩き始める」は「歩くことを始める」で目的語になっている。姫野（1999）によると、このような統語的複合動詞の後項動詞には、次のようなものがある。

～出す、～得る、～始める、～合う、～掛ける、～込む、～切る、～過ぎる、～付ける、～上げる、～兼ねる、～掛かる、～尽くす、～付く、～返す、～立てる、～直す、～上がる、～取る、～合わせる、～去る、～終わる、～入る、～立つ、～替える、～抜く、～通す、～出る　など

さらに前項動詞に制約が少なく、いろいろな動詞に接続できる造語性が認められている。

一方、語彙的複合動詞は、「落ち着く」「打ち切る」「書きなぐる」のように一語としてのまとまりが強く、前項動詞、後項動詞の二つの動詞の元の意味同士の組み合わせになるわけではない（姫野、1999）。したがって、姫野は、単独で使用される場合の意味（本義）がどのような形で複合動詞の中で生かされているのかという面からの考察が、外国人学習者の日本語習得の場合には教育的効率に関わる重要な問題であると指摘している。

一方、複合動詞の習得研究から、統語的複合動詞と語彙的複合動詞では、異なるメカニズムで習得されることが明らかになっている（寺田、2001）。複合動詞の意味の理解では、松田（2004）は統語的複合動詞は、「Ｖ1＋Ｖ2ストラテジー」を用いて、前項動詞の意味と後項動詞の意味を組み合わせて理解していると報告している。しかし、語彙的複合動詞の理解には、前項動詞

と後項動詞の結合に主語一致の制約注1)などがみられる。したがって、谷内他（2009）は語彙的複合動詞の理解には「V1＋V2ストラテジー」は使用しにくく、統語的複合動詞より理解には多くの文脈量が必要だと指摘している。

日本語の複合動詞のコーパス注2)で最も使用頻度の高いのは「～出す」である。姫野（1999）では、統語的複合動詞の後項動詞の一つにあげている。しかし、姫野は「～出す」には、統語的複合動詞として「降り出す」のように「開始」の意味を持つものと、語彙的複合動詞として「運び出す」や「突き出す」のような外部、全面表面への「移動」を表すもの、「照らし出す」、「作り出す」のように「顕在化」を表すものがあるという。いずれにしても問題は、学習者にとって統語的複合動詞としてあげられているものでも語彙的複合動詞があり、形から区別がつけにくいということにある。

【課題18】「～出す」の複合動詞をなるべく多く書き出してみてください。

学習者の複合動詞の運用では、中国人日本語学習者の誤用研究から、郭・徳井（2010）は、学習者は複合動詞の使用を回避し、意味の近い単独動詞やフレーズなどで代用しがちであること、前項動詞、後項動詞の接続の誤用が多い。つまり、前項動詞の連用形への接続の規則を把握していない場合がある。さらに主語一致の原則などを理解していないことなどを指摘している。また中国語を直訳した誤用で日本語に存在しない複合動詞を作り出すことを報告している。

また、姜（2014、2015）は、韓国人上級学習者対象に使用頻度の高い「～出す」の語彙的複合動詞の産出文を分析した結果、日本語母語話者が受容できると判断したのは、調査に使用した37語中10語と少なく、上級学習者においても「～出す」の語彙的複合動詞の産出では、意味習得が不十分であった

注1）主語一致の制約とは、前項動詞と後項動詞の主語として実現する項が同一物を指すというもので、「引きずり落とす」は存在するが「引きずり落ちる」は存在しない。
注2）コーパスとはテキストや発話を大規模に集めてデータベース化した言語資料

と報告している。また、母語話者の産出文と比較すると「〜出す」の名詞の共起語に差がみられたとしている。例えば、外部への移動を表す「締め出す」では母語話者はヲ格の名詞句に「喫煙者、犯罪者」など他人に悪い影響を与える「人」が多く使用されているのに対して、韓国人学習者は「店、戸」等が共起語であり、前項動詞「締める」の意味に頼っていることを明らかにしている。このように複合動詞は、韓国語のように日本語と類型的に近い言語で、複合動詞を持つ言語を母語とする学習者においても、習得がむずかしいことがわかる。

複合動詞の指導に関連する研究はほとんどないが、小森（2015）は、初級から上級の教科書に現れた複合動詞について考察している。「〜込む」など例文中で提示されているが、学習項目として体系的に取り扱っていないと報告している。複合動詞を体系的に教科書で扱うには、陳（2011）が指摘するように、まず、母語話者の複合動詞の使用実態を反映した指導すべき複合動詞を選択し、その後その複合動詞をどの順番でどう指導すべきかを検討する必要があるだろう。

7.4　豊かなオノマトペ

日本人であれば、日本語を自由に理解し、使用できるため、だれでも日本語を外国人に指導できると思っている人が多い。すなわち日本語が話せるのだから、日本語の文法も使用法もわかっており、日本語も教えられると考えるわけである。しかし、これは否である。実は母国語として無意識に場面に応じて習得した言語は、無意識に使用できるため、日本語を学ぶ学習者が何がむずかしいか推測することができないし、無意識に習得したものを客観的に説明をすることはむずかしい。日本人にとって意識したことのない、助詞の使用はほとんどの学習者には母語にないためにむずかしい項目である。

例えば、「月が丸い」「月は丸い」とどう違うのか、どうして「誰がしましたか」がよくて、「誰はしましたか」が間違いなのかを質問されて、すぐ答えることはできないだろう。

また、子供の読むひらがなの絵本なら、日本語を初めて学ぶ人にも教材としてよいと考える人がおり、実際使用している人がいるが、実は絵本はあるものが多く使用されていて初級の学習者にはむずかしい。

おそらに　おほしさま　きらきら

ももが　どんぶらこっこ、どんぶらこっこと　ながれてきました。

つまり、オノマトペといわれる、擬声語、擬態語が頻繁に使用されている。日本の子供は絵本などの場面を通じてオノマトペの日本語のニュアンスを習得する。「キラキラ」、「ピカピカ」、「ピカリ」、「ピカッ」との違いが分かってくる。

日本語の語彙には和語と漢語がある。日本語の動詞は和語が多く、英語のように数が多くない。それでは動作などの日本語の豊かな表現は何によるのであろうか。実は、動詞などを修飾する副詞に属する擬声語、擬態語が非常に豊かであり、微妙な様子を付加している。

「擬声語、擬態語」は、『大辞林』によると一項目で、「擬声語」は事物の音や人・動物の声などを表す語、「擬態語」は物事の状態や様子など感覚的に音声化して表現する語と定義されている。擬態語は「広義には擬声語の一種とされる」としている。擬声語、擬態語は、外国語として日本語を指導する際には、中上級での指導項目になっており、豊かな日本語の理解には必要だとは認識されているが、体系だった指導はなく、単独に説明されることが多い。文化により音の感覚の受け取り方などは異なるので、日本語を母語としない外国人にはわかりにくいものである。「おほしさま　きらきら」の「きらきら」の光り方や「ももがどんぶらっこ」の「どんぶらっこ」がどういう流れ方なのか理解するのはむずかしいし、指導するのもむずかしい。

【課題19】　擬声語、擬態語についてどんなものを使用しているか考えてみましょう。基本的な動詞である「食べる」「歩く」でどのような食べ方があるか、どのような歩き方があるかなるべく多く擬声語や擬態語をあげてください。そして、どう違うか話し合ってみてください。

食べる　例　むしゃむしゃ　（　　　　　　　　　　　　　　　　　　）

歩く　　例　とぼとぼ　　　（　　　　　　　　　　　　　　　　　　）

どうであろう。食べ方、歩き方にいろいろな擬声語や擬態語が付き、擬声語、擬態語により食べ方、歩き方が違うことがよくわかるであろう。英語などはそれぞれ動詞がある。「むしゃむしゃ食べる」は 'to munch'「がつがつ食べる」が 'to gorge' で別の動詞になり、単語として記憶しなければならない。しかし、日本語では、基本の「食べる」に擬声語、擬態語をつければよい。また、「とぼとぼ歩く」は「ゆっくり歩く」とも違い、英語では一語で表せないし、日本語のニュアンスを表すのもむずかしいであろう。

日本は自然が豊かで稲作が昔から中心だったせいか、日本語には雨に関する表現が多く、その降り方を表す表現を日本語を母語とする日本人なら誰でも感覚的に理解できる。「雨がしとしと降る」、「ぱらぱら降る」、「ざーと降る」でどんな降り方か理解できる。「しとしと」は少し降るとも違う。日本人はこの降り方から季節を感じることもある。擬声語、擬態語は、日本の風土、社会、文化に密着した表現の一つである。

擬声語には、動物の鳴き声も入るが、同じ動物でも鳴き方の表現が言語により異なる。日本人なら犬は「ワンワン」であるが、英語母語話者には「ワンワン」でなく、'bow-wow' である。鶏の鳴き声は日本人には「コケコッコウ」であるが、英語では 'coco-a-doodle-do' となり、どちらかというと英語では、動物の鳴き声などは子供の言葉であるとされる。

日本語の動詞、つまり本動詞と言われるものの数は少ないが、擬声語、擬態語が非常に豊富なため、様々な動作や作用の様相を表すことができる。学習者は基本的な動詞を習得すれば、その動作の仕方は擬声語などの副詞を使用すればよい。しかし、言語習得の観点からは、日本の風俗や感覚などに関係するため推測がむずかしいこと、規則がないことからひとつづつ記憶しなければならず、非母語話者にとって日本語の擬声語や擬態語の理解や使用はやさしいものではない。

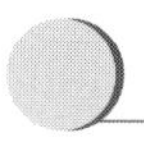

7.5　省略語が多い

日本語になぜ「日教組」、「リストラ」、「デジカメ」などの省略語が多いのであろうか。省略語は日本語の音節が多いためである。略語、略称にすることによりわずらわしさが軽減される。また、これらの省略語でも元の単語が推測できることも日本語の特徴であろう。

省略語には「国連」のように「国際連合」を省略した漢字語彙＋漢字語彙が省略されたものから、外来語の「テレホンカード」のカタカナ語彙＋カタカナ語彙の省略した「テレカ」など多くの省略語が使用されている。

【課題20】　漢字語彙＋漢字語彙の省略語をなるべく多くリストアップしてみてください。

いくつリストアップできただろうか。あまり思いつかない場合は新聞や広告文などを見るとみつけることができるだろう。

【課題21】　次の省略語のもとの語彙は何ですか。

入試　　職安　　就活　　卒論　　生保

これらの漢字＋漢字の省略語は、日本語母語話者のほとんどだれでも元の語彙を思い起こすことができる。省略には、その他に漢字とカタカナの省略語がある。

着メロ　連ドラ　渋カジ　など

逆にカタカナ語と漢字の組み合わせでは、

イタ飯　デパ地下　ガン見せ　など

カタカナ語は音節が長くなるので、省略語が多く使用されている。

　　スタバ、セクハラ、マザコン、ファミレス、コンビニ、パンスト
　　ミニスカ、ハイソ、ミスコン、メルマガ、ワンクリ　　など

今では、「コンビニ」を「コンビニエンスストアー」という人はいないだろう。「ワンクリ」は「ワンクリック」の意味だが、まだ使用する人は限定されている。しかし、そのうち、「ワンクリック」という人はいなくなり、「ワンクリ」が一般になるかもしれない。日本語は4文字熟語だけでなく、音節も四文字に省略することが多い。人名まで省略してしまう。例えば、「キムタク」、「ウンナン」、「マツケン」など。

外国人の名前も「ブラピ」のように省略する。「ブラットピット」を知っている日本人は「ブラピ」がだれのことがすぐわかる。このような省略語を日本人はよく使用し、また、どんどん増加していく。このような短く省略し、エネルギー省略をする言語はそんなに多くないのではないだろうか。

日本語を学習する外国人にとっては省略されているため、意味の推察がしにくいものの一つである。カタカナ語とカタカナ語の省略は何とかもとの語を類推しても、カタカナ語と漢語、漢語と漢語の省略は、また一つの新しい語彙として習得しなければならず、学習者にとって頭を悩ます点である。しかし、一度習得すると元の語彙より短いためまたよく日本人が使用するため便利であるという。日本人母語話者の場合は日本語の語彙が多いため推測可能であるが、カタカナが入ってくると日本人でも推測困難である。たとえば、前述した「ガン見せ」などは筆者も推測できなかった。ガンを「顔」と理解し、裏社会の用語で「顔を見せる」という意味なのかと思ったが、そうではなく、ファッションで女性がガンガン肌を見せることをいうのだそうだ。このような省略語が増加してくると、日本語母語話者でも省略語は理解しがたくなってくる。

【課題22】　省略語で理解できなかった語があればリストアップしてください。どういう意味なのか推測してみましょう。

7.6　文体

日本語の文体には、丁寧体と非丁寧体（普通体）がある。丁寧体は「です・ます体」、普通体は「だ体」「である体」と呼ばれる。話し言葉では、普通体は親しい関係の場合、丁寧体は初対面やフォーマルな場合に使用するが、話し手が相手をどう見ているかを表す指標の一つになり、間違えると文法の間違い以上に思ってもいない誤解を生じる危険性がある。初対面では、通常大人は丁寧体を使用する。普通体で話すと、話し手の人格や教養レベルが疑われてしまったりする。外国人であっても、なれなれしいなどあまり良い印象を相手に与えない。人間関係が親しくなった場合は、また、かえって丁寧体だとよそよそしい感じがする。日本語では、次のように使い分けている。

（ＡとＢは初対面）

Ａ：Ｂさんのご出身はどちらですか。

Ｂ：神奈川県の横浜です。

Ａ：私も横浜なんですよ。

・・・・・・・・・・・・・・・（中略）・・・・・・・・・・・・・・・

Ｂ：高校の時山岳部に入っていたので、今でも休みの時はよく出かけます。

Ａ：どちらの高校ですか。実は、私も高校の時山岳部でして……。

Ｂ：○○高校です。

Ａ：えっ、僕もそうだけど。何年卒？

と途中から普通体での会話になる。

外国人が日本語を学習する場合、初級前半レベルでは通常丁寧体を学習する。

昨日、何をしましたか。

図書館で勉強しました。日本語の勉強はむずかしいです。

日本で日本語を学習している学習者によっては、周りで話されている日本語ではないと、疑問に思ったり、中には教師に「～です、～ます」は聞かないと文句を言う場合がある。友達同士で話す日本語は普通体であるからである。

昨日なにしたの。

図書館で勉強だよ。日本語の勉強むずかしいよ。

普通体の会話では、格助詞が脱落したり、逆に文末に適切な終助詞などをつけないと自然ではない。

普通体は丁寧体の「です、ます」より活用がむずかしい。「書く」、「する」の丁寧体と普通体は以下のようになる。

丁寧体	「書く」	書きます	書きません	書きました	書きませんでした
	「する」	します	しません	しました	しませんでした
普通体	「書く」	書く	書かない	書いた	書かなかった
	「する」	する	しない	した	しなかった

成人の学習者が日本語を学習する場合、学習の初期では、初対面に対応でき、失礼にならない丁寧体の「です・ます」形を学習するほうが言語の形式、使用上も問題を起こさない。

普通体から日本語を学習したり、習得した場合、丁寧体を適切に使用続けられない場合が起こったりする。丁寧体を使用している場面で普通体が混入したりするのである。次のような丁寧体での対応が必要なビジネス、面接などで、場面に不適切な文体混入がコミュニケーション上の問題を起こすことがある。

入社面接の場面で（Ａは面接官、Ｂは応募者）

Ａ：弊社を応募された動機は何ですか。

Ｂ：御社が世界的に有名だからです。（このへんは教えられたまま）

…………………………

Ａ：（履歴書を見ながら）高校のとき日本の高校に１年留学したんですか。

B：ええ。

A：日本語はやはりむずかしかったのでしょうか

B：うーん　そんなにむずかしくなかった。

このような文末における丁寧度に関わる表現の混用などは、話し手の立場、聞き手の立場を話し手がどのように認識しているかを表す指標として取り上げられる。日本語が初級の場合は日本語能力がないため仕方がないと判断されるが、上級のように日本語が上達している学習者では、丁寧度の変換から意図的な馴れ馴れしさと捉えられ、ビジネスのような場面では、ある程度の距離感が必要なので特に気をつける必要がある。丁寧体から学習した場合には、文体の混用が起こることが少ない。

一方、書き言葉では、手紙ではないかぎり、文末は丁寧体の「です・ます体」ではなく普通体である。特に、改まった文書、学術論文などは普通体である。また、日本語では書き言葉と話し言葉は区別されるため、書き言葉に話し言葉が混入することはない。例えば、「やっぱり」「だんだん」などは、話し言葉では使用されるが、書き言葉では「やはり」「次第に」「徐々に」などとなる。

このように日本語は、話し言葉でも書き言葉でも適切な文体を使用することが必要であり、文体の混用などは文法などの誤用はなくても、適切さに欠けると「丁寧さ」を欠くことになる。

日本語の初級のテキストには、話し言葉の会話文だけが提示されており、書き言葉は読解文が多くなる中級からであることが多い。しかし、初級のレベルだけで終了する学習者でも、簡単なメモなどを書いたり、読んだりする機会が存在するだろうから、初級から文体への意識化を促すためにも、話し言葉の会話の内容を書き言葉の読解で提示したりする配慮が必要だろう。

以上、第Ｉ部では、日本語母語話者が気づかずに使用している日本語の特徴を外国人学習者の学習の困難点の観点から述べた。日本語の基礎的な言語形式は規則的で習得がむずかしくないこと、また、良好な人間関係の維持を重視する日本語では決してあいまいな言語ではないことについて述べた。日本語は何がむずかしいかというと、その場にあった適切な使い方である。日本語では相手を重んじ、人間関係を維持するための配慮表現が発達しており、そのような表現を駆使した日本語の適切な使い方はやさしくないことを論じた。

第Ⅱ部では、初めて日本語を指導する日本語母語話者対象に、日本語力ゼロの外国語母語話者への日本語の指導法について具体的に述べる。

第Ⅱ部

外国語話者への日本語指導

第Ⅱ部では、第Ⅰ部の客観的に外国語として捉え直した日本語を意識せずに自由に使用できる日本語母語話者が、外国語を母語とする学習者にどのように指導したら、学習者が効率よく日本語をコミュニケーションの手段として学習できるかを第8章から第10章にかけて詳細に述べる。

第8章では、音声言語と文字指導というタイトルでひらがな指導について述べる。日本語のひらがなは発音の一拍と文字一つが対応しているため、音声教育の一環としてのひらがな指導法を詳細に記述する。

前述したように、日本語教育では、日本語初級の文法をいわゆる国文法の文法用語を使用して指導することができないため、文のパターンである文型を使用する。

第9章では、日本語教育での文法指導というタイトルで、まず、日本語教育で使用される文法用語について説明した後、初級で扱う日本語の基本的文型はどんなものがあるか、および基本文型をどのような順位で指導すれば、外国人学習者の日本語の習得上学習負担がなく混乱せずに習得できるかについて述べる。

第10章では、初級文型指導事項の指導法と留意点について、外国人学習者に指導する場合、学習者はどのような誤用を起こしがちか、どのようなことに注意して指導すればよいか、指導の留意点を記述し、具体的な指導例を示す。指導例では、導入の仕方、練習の仕方、練習の発展の仕方などわかりやすく記述する。

第8章

音声言語と文字指導

8.1　音声教育としてのひらがな指導

言語教育では、音声教育は、文字教育より先に行われる。言語の基本は音声だからである。また、世界の言語の中には文字をもたない言語はあるが、音声のない言語はない。母語の獲得においても、場面の中で言語を意味のある音としてまず習得する。文字体系をもつ言語では、音声言語でのコミュニケーションがある程度習得した後に、学校教育などで文字教育が始まる。

外国語教育においてもこの原則は有効である。しかし、成人の学習者の場合、言語学者の Rivers（1981）によると外国語の文字教育を音声教育から遅らせて指導する利点はないという。というのは、成人の学習者は、聞いた音を文字化して記憶しようとする学習態度になれているからであるという。

言語習得論から見ると、第1言語がすでに獲得されている成人の場合、外国語の言語音も第1言語の母語の音韻体系で聞き取り、音声を母語の文字体系において記憶するほうが、音だけで記憶するより記憶の負担が軽い。例えば、アメリカに移住した初期の日本人は英語をきいて、そのままカタカナ語に直して記憶したという。例えば、現地の人の発音する 'water' は「ワラ」と聞こえたため、水は「ワラ」と覚えたという。日本の英語教育で学んだ「ウォーター」では通じないであろう。成人の外国語学習では、母語の言語知識がプラスにもマイナスにも働き外国語の言語習得に影響する。

話を戻すと日本語の音声を学ぶ外国語話者も日本語の音声を母語の耳で聞いているということになる。英語のようにどちらかというと語の発音と文字にかい離がある場合は、発音と文字を両方学習しなければならない。中学で初めて英語を学習した時、「娘」の「ドーター」をなぜ「daughter」と書くのかと思ったことがある人がいるだろう。英語の場合、文字表記のアルファベットは音を表す表音文字であるが、それでもかなりの例外があるため、単語を記憶するとき、また、単語を発音するときも読み方に困ることが多い。日本人が英語を学ぶ時のつまずきのひとつであろう。

それでは、日本語の場合はどうだろう。第4章で述べたように、日本語の文字体系はアルファベットのように表音文字にあたる、ひらがなとかたかな、意味を表す漢字から成り立つが、ひらがなは日本語の音声とのかい離がほとんどない。つまり日本語の拍で聞き取れればそのままひらがなで表記できる

日本語教育でも、観光で使える日本語が目的のような短期の学習の場合は、日本語の文字を記憶する学習者の負担の軽減のためアルファベットであるローマ字を使用する場合がある。しかし、ローマ字での指導は、発音にどうしても学習者の母国語の干渉をうける。フランス語圏の学習者では[hokkaidoo]は語頭の「h」が発音されないため、「オッカイドー」となる。また、アルファベットでない文字体系を持つ学習者には、日本語のローマ字の発音を指導しなければならない。漢字かな交じりの表記法を取る日本語では、いくらローマ字で指導しても、途中でひらがなと漢字に変更しなければならないため、ローマ字で指導するのは、観光目的などの非常に限定した場合のみである。

さらに、大変便利なことには、日本語を発音する際、拍で表される日本語の単語は、一つの拍に一音が原則で例外が少ない。すなわち、一音が原則として一つのひらがなに該当する。したがって、日本語教育での最初のひらがな指導は、音声の単位として指導されるのである。

たとえば、ひらがなの「あ」はいつも/a/と発音し、/a/は「あ」と表すことができる。/sa/は「さ」である。語のどこにあらわれても「さ」は/sa/と発音すればよい。「あさ」は「あ」と「さ」であるから/asa/と発音すればよく、また、/asa/と聞き取ったら「あさ」と表記すればよい。「あさ」の「あ」も「あおい」の「あ」も「まあ」の「あ」も同じ発音である。ひらがなの正しい発音さえ指導しておけば、ひらがなで書かれたものを正しく読め、聞き取れた日本語のことばもひらがなで書くことができる。こんな便利が言語はないであろう。ひらがなの指導は学習し始めて、個人差はあるにしても1週間ぐらいで習得できる。ひらがなで書かれた「駅」名が読める。「たかだのばば」「みたか」など外国語としての日本語が読めるのは学習動機を高めることになる。

日本語のひらがなは、拗音（「きゃ」「きゅ」「きょ」の類）以外は一字一拍であるので、外国語学習者が日本語の音声として習得しにくい「拍」の感覚をも習得させやすい。例えば、「おばあさん」（5拍）と「おばさん」（4拍）では拍数が異なり違う意味になる。

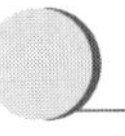

8.2　拍と音節

拍と音節について定義しておく。『音声学大辞典』（三修社）によると、「拍(mora）とは「時間的まとまり」の単位であり、「音節」（syllable）は「聞こえのまとまり」の単位である。

日本語は、拗音を除いて、一つのひらがなは、ほぼ同じ時間で発音される。つまり日本人の発音の単位は、「かな」の単位である。一つのひらがなが一拍で発音されるといえる。

次の言葉は何拍となるだろうか。

「新幹線」「雑誌」「東京」

もし、「新幹線」を3拍とした人は、もう一度俳句を作る要領でかぞえてみよう。６拍になったはずである。これをひらがな書きすると「しんかんせん」となり、６文字で６拍なのである。「ん」の撥音も一拍である。

同じように、「雑誌」や「東京」を２拍とした人はいないだろうか。「ざっし」は３拍である。促音の小さい「つ」も一拍とる。「ざし」と２拍で発音すると「雑誌」の意味にはとられない。「とうきょう」は４拍で発音する。「きょ」の拗音は２字だが、一拍で発音されるからである。日本語を母語とする日本人は意識せずに拍単位で発音しているため、「ざっし」と「ざし」では違うことがわかる。

音声の単位を「聞こえのまとまり」である音節で捉えている外国語話者は、/Shinkansen/ を /shin/、/kan/、/sen/ という３つの音節の言葉と取り、３拍で発音する傾向がある。日本語母語話者の耳には「新幹線」とは聞き取りにくくなる。

日本語の発音を日本語らしく、日本人に聞き返されることがない発音をするには、音節単位の言語を持つ外国人学習者の日本語教育では、拍を表すひらがなの習得は有効である。したがって、ひらがなの指導は、単に文字を指導するのではなく、発音の指導に文字がつくと考え、「拍」を意識化させる重要な機会と捉えることができる。

8.3　ひらがなの指導

日本語の音声の単位としてひらがなをとりあげる。前に述べたように日本語の音声の単位がひらがな一字に原則として対応している。母音（V）は「a」「i」「u」「e」「o」の５つである。「あ」「い」「う」「え」「お」で表記される。アラビア語では「a」「i」「u」の三つしかないので、日本語はそれより多いが、英語やフランス語などと比べると少なく、あいまい母音のようなものはない。また、日本語の子音だけは「n」「ん」で子音が「st」など２つつながるのは原則としてない。通常、日本語の音は子音（C）の後に母音

(V) が続き、[ka] [sa] [no] [me] [ro] の発音はひらがなそれぞれ一字で「か」「さ」「の」「め」「ろ」と表される。日本語は原則として、「V」だけか「C＋V」の構成である。

ひらがなの指導は、日本語能力ゼロの学習者に授業に先立ってなされるか、最初の授業の中に組み込まれるかのいずれかが多い。独習させると、発音に学習者の母語の干渉がおこることが多い。というのはローマ字の表記をみて、ひらがなに置き換えるので、たとえば、「ka」「ta」の子音の /k/ や /t/ の発音が母語の干渉から強く発音されることが多いからである。したがって、日本語母語話者の発音を聞いてひらがなを習得するほうがよい。

ひらがなの指導には、いろいろあると思われるが、国際交流基金の『日本語かな入門』の指導順位が体系的で学習者に理解しやすい。『日本語かな入門』では、前半がひらがなで、後半がカタカナの指導になっており、ひらがなの指導順位は、次の通りである。

1) **清音**　「あ」から「ん」
2) **濁音**　「が」行、「ざ」行、「だ」行、「ば」行
3) **促音**　小さい「つ」　　例「あさって」
4) **長音**　伸ばす音　　　　例「おかあさん」、「とけい」
5) **拗音**　「きゃ」「きゅ」「きょ」など
6) **助詞**　「は」「へ」「を」

授業では、ひらがなに7時限から8時限ぐらい当て、しっかり、ひらがなの指導をしておいたほうが、学習者の日本語の音や単語の定着がよくなる。

指導時限例

清音	2時限
濁音	1時限
促音	1時限
長音	1時限
拗音	1時限

助詞「は」「へ」「を」とテスト　1時限

授業では、ひらがなだけでなく、自己紹介などの授業の後半にひらがなの指導をもってくるとよい。日本語の単語の音になれると同時に、その音の一部がひらがなでも書けるようになるため、学習の動機付けが高まる。気をつけるのは、ひらがなを学習しているのが成人であること、母語を持っていること、母語の音韻体系で日本語を聞いていることである。外国語である日本語の音韻の発音は、母語の影響が出たり、聞き取れないこともある。教室活動では学習者の情意面に配慮し、不安のない教室の雰囲気を作ることも重要である。

次に具体的に指導の例と注意点を示す。発音の指導では専門の用語は使用しない。

8.3.1　清音

ひらがなの清音の指導には、五十音図表を使用するのがよい。五十音図表は、日本語のひらがなを表す音の全体像をつかませるために有効である。日本語の発音は、ほかの言語に比べて比較的やさしいといえる。指導も専門的な音声学の用語をなるべき使用せずに行う。

1)　母音

「あ」「い」「う」「え」「お」

日本語の母音の発音は学習者にとって、あまりむずかしくない。学習者の母語のほうが母音の数が多いことが多いからである。但し、日本語の母音の発音は明瞭に歯切れよくさせる必要がある。日本語は、母音が短いか、長いか、つまり短母音と長母音で語の意味が異なるからである。「おばあさん」/oba:san/ と「おばさん」/obasan/ のように母音の /a/ を伸ばすか、伸ばさないかで意味が異なってくる。

日本語の「う」は英語の /u/ のように唇を丸めないで発音する。「い」と

「え」に関しては、学習者によっては、母語の影響で発音の区別が不明瞭だったり、聞き分けに困難を示す場合がある。「い」と「え」を聞き分けているのか、ひらがなの音の指導後に単語のディクテーションなどをしてチェックするとよい。

【指導例】

①　音の聞き取りと発音

/a/ と教師が発音して見せ、文字「あ」のカードを示すか、黒板に書く。文字を指しながら何度も教師が発音して見せる。学習者は聞こえてきた音は日本語の文字ではこういう文字なのだということが理解できる。音の聞き取りから、次に文字を指しながら、学習者に発音させる。全員に発音させた後、一人一人に発音させる。短く明瞭に発音しているかをみる。

②　文字と発音の一致

次に、文字「あ」を見て /a/ といえるようにする。

③　書き順を示し、ノートに正しく書かせる

この際、「あ」と書きながら /a/ と発音している学習者がいる。この段階では、正しく書くことが大事だが、音声と文字を自発的につなげて練習しているのは記憶法としてよい。しかし、教室では、あくまで文字導入だけで覚えるまで何回も書かせる必要はなく、３つか４つ正しく書く練習をすればよい。教師は机間巡回をし、筆順だけでなく、字のバランス、縦線や横線が出ているか出ていないか、止め、はねなどに気をつけさせる。

④　他の母音「い」「う」「え」「お」も同様に行う

授業では、文字を見て、すぐに正しい発音ができればよい。文字を練習して覚えるのは宿題とする。教室では、教師がいなければできない発音練習、書き順、字形のチェックなどに使用するようにする。

母音のみで出来ている単語に「あお」「あい」「いえ」「あう」などあり、その意味を絵などで示すと音声、文字が語意につながっていることがわかり、文字の学習動機が高まる。もちろん、この時点で単語を覚える必要はない。

余談であるが、ひらがな「あ」「い」を指導して「あい」と読ませて、意味は 'love' であることを伝えるとさらに文字学習への動機が高まるようだ。

また、日本語には二重母音はないので、単語の読みの発音では「あ」と「い」はそれぞれ1拍で発音させる。

文字では「あ」「お」は字形が似ているのでしっかり読めるようにしておく。また、読みだけでなく、聞いた語をひらがなで書けるように最後にディクテーションなどで確かめると発音と文字が定着する。

次に、子音と母音の結びついた「か行」から「ら行」までの指導をみてみたい。

2) 子音＋母音

(1) か行：「か」「き」「く」「け」「こ」

か行は子音/k/と母音との組み合わせになる。五十音図で既習の母音「あ」「い」「う」「え」「お」を読ませた後、「か行」の「か」を指し、「か」と発音すると、学習者の中には「き」「く」「け」「こ」の読みを推量するものがでてくる。

発音の注意

発音では日本語の子音の発音は英語などより弱く発音されるので、/k/の発音を弱く発音させると日本語の「か」になる。

書く際の注意

ひらがなの文字を書くばあい注意がいるのは、教科書などは印刷体で示されていることである。「き」の最後がつながっているので、黒板で教師が書いた手書き字と字体が異なることに気が付く学習者もいる。実際の手書きを覚えたほうが良いので、違いは印刷体であると伝えておけばよい。

単語などでの読みの確認と書き取り

また、ひらがなの指導だけではないが、指導した文字の読みの確認は重要だが、同時に既習の文字と組み合わせて読ませ、何度も文字に触れさせることが大事である。つまり、「か行」の文字の発音、認識ができるようになったら、前に学習した「あ行」の母音と組み合わせて、単語を読ませるとよい。

例えば、「あき」「あかい」「きかい」「こえ」などである。

さらに、最後に既習のひらがなの単語の書き取りをさせると、意味のある文字を書くことになり、単に何度も同じひらがなを書く練習をするより、学習動機が高まり、学習効果があがる。

(2) さ行：「さ」「し」「す」「せ」「そ」

子音は /s/ であるが、「し」だけ「さ」「す」「せ」「そ」と発音が異なる。「すい」にならないように注意して指導する。

手書きの場合は、「さ」と「そ」は「き」と同様に印刷字体と違うので説明が必要である。

(3) た行：「た」「ち」「つ」「て」「と」

た行もか行と同様に子音が強く発音されがちなので /t/ を弱く発音させる。「た」「て」「と」の子音 /t/ は破裂音だが、「ち」「つ」の子音は破擦音になる。「つ」は、タイ、マレーシアなどの学習者は母語の干渉で「ちゅ」になりやすい。

(4) な行：「な」「に」「ぬ」「ね」「の」

発音上の困難はあまりない。

(5) は行：「は」「ひ」「ふ」「へ」「ほ」

た行と同様、は行の子音は「は」「ひ」「ふ」「へ」「ほ」で同じではない。

「は」「へ」「ほ」の子音は /h/ で、喉の奥のほうで発音されるが、「ひ」と「ふ」は異なる。「ひ」は喉のより少し前の硬口蓋と呼ばれるところで発音される。日本語の「ふ」の子音は英語の /f/ とは異なり、唇を上下から接近させて発音される。「ふ」の子音はローソクを吹き消すように発音する。

⑹　ま行：「ま」「み」「む」「め」「も」

発音上の困難はあまりない。

この辺まででひらがなの字形の似たものが多くなる。「ぬ」「め」「は」「な」「ほ」「ま」「む」「す」など、しっかり字の違いを習得させることが肝要である。

⑺　や行：「や」「ゆ」「よ」

あまり発音の困難はない。

⑻　ら行：「ら」「り」「る」「れ」「ろ」

日本語では発音上 /r/ と /l/ で意味の弁別はない。例えば、「raamen」でも「laamen」と発音しても同じ「らーめん」である。日本語の「ら」の子音は、はじき音なので、舌先を上の歯茎につけて、はじいて発音する。ローマ字を使用すると、「r」の発音をしがちである。ら行の音は日本語では語頭と語中・語尾では、少し音が異なる。語頭に来た時は、「ラジオ」のように /l/ に違い発音であるが、「クジラ」のように語尾に来ると /r/ に近い発音になる。

「ら」や「り」は手書きと印刷では字体が少し異なる。

⑼　「わ」「を」

「わ」の子音は /w/ であるが、英語の /w/ のように口の丸めはない。

助詞の「は」も「わ」と同じ発音である。

助詞「を」

「お」と同じ発音。助詞（particle）に使うと指導する。

⑽　「ん」

語頭にくることがない。

「さんまい」「せんせい」「ぎんこう」の「ん」の発音は同じであろうか。実は、「ん」の後に続く子音により /m//n//ng/ と発音がかわる。日本語を母語とする日本人はこの違いに気づくことが少ないが、学習者の中には気づくものがいる。母語では使い分けられているからだろう。

①「ん」の後に「ま」のような /m/ が来る場合

「さんまい」の「ん」は /m/

②「ん」の後に /k/ や /g/ が来る場合　「ぎんこう」の「ん」は /ng/

③「ん」の後にそれ以外の子音が来る場合

「せんせい」の「ん」は /n/

これは、「ん」の後に続く音に影響を受けるので、発音上は自然なことで、特に指導の際、問題とならないが、耳のよい学習者はその違いに気がつくので、教師のほうが日本語の音声の知識として知っておくべきであろう。

ひらがなの五十音図は、日本語のひらがなの文字だけでなく、音声の体系を知るにもよい。あ行、か行など縦に、「あ」「か」「さ」など横に何度も読む練習をすると、日本語の音声に早く慣れる。また、五十音図は動詞の活用でも「u」段、「a」段、「i」段など使用する。

ひらがなの指導は単語の読み方だけでなく、発音を聞いて書く書き取りやカード取りなど変化をつけて、楽しく指導したい。読み・書き取りの練習に使う単語は学習したひらがなに限る。濁音や促音などを入れないように注意する。使用する単語の意味を覚える必要はないが、身近な言葉がよい。

8.3.2　濁音／半濁音

1)　濁音

濁音の子音には、清音/k/ /s/ /t/ /h/に対して/g/ /z/ /d/ /b/がある。文字は清音に濁点をつければよいので、新しい文字はない。

(1)　が行：「が」「ぎ」「ぐ」「げ」「ご」

五十音図表で、か行とが行を比較しながら文字を指し、「か」「が」と教師が1回発音すると、濁音のが行の子音が /g/ であることがわかる。「が」「ぎ」「ぐ」「げ」「ご」の発音は特にむずかしくない。

が行は鼻濁音で発音されることがある。通常語頭では /g/ で発音されるが、語中、語尾では /ŋ/ の鼻濁音になることがある。

がいこく　　/gaikoku/

かぎ　　/kagi/　/gaŋi/

しかし、鼻濁音で発音しない日本人が増加しているので、特に外国人学習者に鼻濁音の発音を強要する必要はない。しかし、/g/ と /ŋ/ の違いが意味の弁別に関係する言語を母語とする学習者もいるので、聞き取りでは、日本語では /g/ でも /ŋ/ でも意味の違いがなく同じであることを、違いに気づいた場合は説明をすればよい。

濁音の書き方では、点を二つ打つ場所と方向に注意させる。

(2)　ざ行：「ざ」「じ」「ず」「ぜ」「ぞ」

「ざ」「ず」「ぜ」「ぞ」の発音で子音は語頭と語中では少し異なる。語頭では /dz/ の破擦音で、語中では /z/ の摩擦音で発音される。「じ」も語頭では、/dʒ/ の破擦音で、語中では /ʒ/ の摩擦音になる。

韓国語を母語とする学習者は、「ず」の発音が「じゅ」となりやすい。例えば「じょうず」が「じょうじゅ」となるので、幼児語に聞こえる。成人の学習者には不利になるので、十分な発音練習が肝要である。

(3)　だ行：「だ」「ぢ」「づ」「で」「ど」

「ぢ」は「じ」の発音である。「づ」も「ず」と同じ発音である。

つまり、/ji/ と聞こえたら「じ」、同様に /zu/ と聞こえたら「ず」と書くように指導してよいだろう。「ぢ」や「づ」を使う連濁（例　はなぢ、みかづき）、連呼（例ちぢむ、つづく）は、この段階では特別な使い方であるぐらいの説明でよい。

(4)　ば行：「ば」「び」「ぶ」「べ」「ぼ」

子音は「b」に母音が接続しており、発音の困難はない。

2)　半濁音

・ぱ行：「ぱ」「ぴ」「ぷ」「ぺ」「ぽ」

　子音は /p/ であり、外国語母語話者の学習者にとって特に発音上困難はない。

　中国語のように有気音と無気音の対立（息が出るか出ないかの対立）を持つ言語を母語とする学習者には、濁音と清音の聞き分け、発音のしわけはむずかしい。濁音のひらがなの指導時に清音と比較して、違いに気づかせる必要がある。

　日本語では清音と濁音では語の意味に違いがでてくる。つまり、「だいがく」を「たいがく」や「だいかく」と発音すると意味が通じなくなる。清音と濁音の発音と文字は一字一音で一致している。また、それぞれ一字一拍である。日本語の拍数を特に意識して指導しなければならないのは、次の促音（ちいさい「つ」）長音（伸ばす音）、拗音（きゃ、きゅ、きょなど）である。

8.3.3　促音

　ひらがなの指導で、清音と濁音を指導したら、終わりではない。それだけでは、聞いた日本語をひらがなの文字で書けない。日本語は、英語のような音節言語ではなく、拍（モーラ）の言語である。清音、濁音では一字一拍であるが、/gakki/ のような詰まる音（促音）も一拍とる。英語話者には double consonants（２重子音）と説明することもある。

　促音の表記は小さい「つ」である。つまり、/kitte/ のように詰まった音を聞いたら、小さい「つ」で「きって」と表記する。促音は一拍とるため、「きって」は３拍で発音される。拍の言語の日本語では拍を表わす表記は重要である。前にも述べたように拍数が異なると異なる意味になるからである。つまり、「きて」と「きって」とは２拍と３拍で意味が異なる。

　促音の発音は、次にくる子音の発音の構えを用意して一拍分待つ。通常、/t/ /k/ /p/ /s/ のような無声子音の前で起こる。/kitte/ /nikki/ /kippu/

/zasshi/ などで「きって」「にっき」「きっぷ」「ざっし」と表記される。

次に、促音の指導例を示す。

【指導例】

①　音の聞き分けから

まず、促音が入る単語と入らない単語の聞き分けから導入する。同じかどうか聞くとよい。

「きって」「きて」

②　発音させる

拍の違いが聞き分けられたら、教師について発音させる。「きって」は「き」で2拍目を発音しないで待たせ、3拍目の「て」を発音させる。発音しながら、手で拍を打ったり、机をたたいてもよい。

③　板書し、拍数の違いによる意味の違いに気づかせる

黒板に「きって」と「きて」と発音しながら書く。二つの単語の意味の違いを実物や絵カードや動作で示す。大切なのは、「きって」を「きて」と2拍で発音すると、意味が異なることに気づかせることである。単に拍数の練習ではないことがわかり、促音の学習の動機が高まる

④　促音のつく単語の発音練習

意味が分かってから、促音のつく単語の発音練習をするとよい。日本語を母語としない外国語話者にとって、促音で一拍とることは必ずしもやさしくはないので、十分練習する必要がある。また、促音の前の音は、短く発音させることも重要である。拍数だけ注意していると「きって」を「きいて」と伸ばして発音していることがある。

⑤　促音のつく単語を聞いて書く練習

単語の中で音が詰まったら、そこに小さい「つ」をいれて書く練習をする。その際、小さい「つ」を書く位置も、原稿用紙のようなマス目を黒板に書いて提示するとよい。縦書きの場合と横書きの場合を示す。

⑥　促音のつく単語を読ませたり、書き取りをさせたりして定着をはかる

同じ拍数の単語だけでなく、3拍の単語「ざっし」、4拍の単語「あさって」「しっかり」、5拍「きっさてん」などでも、読み書きをして、促音の定着をはかる。もちろん、練習する単語の選択には気を付け、既習の清音、濁音、促音の組み合わせに限定する。伸ばす音の長音や、「きゃ、きゅ、きょ」などの拗音が入っていないか注意する。

次に長音の指導について説明する。

8.3.4　長音

伸ばす音である。直前の母音を一拍分伸ばして発音する。つまり、/baa/ /bii/ /buu/ /bee/ /boo/ などのように前の母音部分を一拍分伸ばして発音する。ひらがなの場合、発音と表記が異なる場合があるので、発音、書き取り両方に注意が必要である。

発音		表記	
obaasan	aa	「おばあさん」	
oniisan	ii	「おにいさん」	
kuuki	uu	「くうき」	
eego	ee	「えいご」	発音通りの表記は例外になる。 例外「おねえさん」など
hikooki	oo	「ひこうき」	発音通りの表記は例外になる。 例外「おおきい」など

【指導例】

①　長母音の聞き取り

促音の場合と同様に、長母音の聞き取りは短母音との聞き分けが入るとよい。

長母音の /aa/ と短母音の /a/ のミニマルペア（一か所だけ違い、後は全く同じ一対の語）

/obaasan/（5拍）/obasan/（4拍）

を発音し、違いが分かったら、どちらを発音したのか聞き分けさせる。同様に、/i/ /u/ /e/ /o/ の長母音と短母音の対で聞き分ける練習をする。

②　意味の違いを提示

母音を伸ばすか伸ばさないかで意味が違うことを理解させるため、促音と同様に絵カードや動作、語の学習者母語訳などを提示する。

③　長音の表記

/obasan/ 発音し「おばさん」と書く。次に /obaasan/ と発音しながら、「おばあさん」と板書する。文字を見ながら拍に注意させる。

/aa/ /ii/ /uu/ の長母音は発音通り、「おかあさん」「おじいさん」「くうき」など「あ」「い」「う」と表記すればよい。

/ee/ と /oo/ は発音と表記が異なるため、長母音の入った単語の読み方、発音を聞いて単語をひらがなで書く書き取りを十分する必要がある。

/ee/ の場合、発音通りの「え」ではなく「い」と表記する。「/tokee/ を聞いて「とけい」と表記する。/sensee/ の発音を聞いて「せんせい」と表記する。読み方は「とけい」/tokee/ と発音する。「せんせい」は /sensee/ と読む。/ee/ の長母音を発音通り読む例外は「おねえさん」「ええ」ぐらいである。

/oo/ の場合も長母音の表記は「お」でなく「う」と表記する。/kookoo/ は「こおこお」ではなく「こうこう」と書く。また、「こうこう」の発音は /kookoo/ である。長母音の /oo/ の発音通り表記するのは例外で「おおきい」「おおい」などである。

④　発音練習、書き取り

長音は伸ばす母音に一拍とって、拍を意識しながら発音練習する。聞いた長母音が入った単語の書き取りも十分行うと定着する。

書き取りがきちんとできると、拍もきちんと習得されている。

8.3.5 拗音

日本語は、原則として一拍一音で、ひらがな一文字で表されるが、例外がある。それは拗音である。拗音は2文字であるが、一拍で発音される。「きゃ」「きゅ」「きょ」はそれぞれ一拍で発音する。ちいさい「ゃ」「ゅ」「ょ」があるが、一拍で発音する。「きゃ」の「ゃ」が大きくなると「きや」となり、2拍となり、意味が異なる。例えば、「きゃく」は2拍、「きやく」は3拍で意味が異なる。

ちいさい「や」では「しゃ」「ちゃ」「にゃ」「みゃ」「りゃ」「ぎゃ」「じゃ」がある。特に「りゃ」「りゅ」「りょ」を一拍で発音するのがむずかしい。

【指導例】

指導の順序は、促音、長音と同じように、拗音の聞き取り、発音、読み、書きの順で進めると、言語の習得の順序にかない、音と文字が対応する。

聞き分け→（意味が異なることの理解）→発音→単語の読み→単語の書き取り

聞き分けは、拗音が入る場合と入らない場合のミニマルペアで行うとよい。例えば「きゃく」と「きやく」、「いしゃ」と「いしや」の違いが聞き分けられるか。ミニマルペアのこれらの2語が聞き分けられないときは、先に進まないほうがよい。拍に注意して聞き分けることができたら、意味の違いがあることを理解させる。

次の「きゃ」「きゅ」「きょ」を一拍で発音する練習も、意味の違いを起こすことが学習者にわかっていれば、機械的な発音練習に終わることはない。

拗音を含む単語の読みでは、清音、濁音、拗音だけを含む単語の読みをまず十分行い、拗音の一拍の発音に注意させる。

「しゃしん」「しゅじん」「みゃく」「りょかん」

→　拗音と促音を含む単語「しゃっくり」「ちょっかく」

→　拗音と長音を含む単語「ちょうちょ」「しゅうり」「ちゅうしゃ」

→　拗音、促音、長音を含む「しゅっちょう」など

既習のものをくわえて練習させるとよい。たとえば「りょうしゅうしょ」は５拍である。きちんと５拍で発音すれば、日本語母語話者に通じる。

ひらがなの清音、濁音、促音、長音、拗音の発音と聞き取り、書き取りができたら、学習者は次の二つのことが自信をもってできるようになる。

①　どんな日本語の単語でも聞いてひらがなで書くことができる。

②　ひらがなで書かれた単語なら、正しい拍で読むことができる。

実用的な場面では、ひらがなだけであると、駅名（とうきょう、しんじゅく、ろっぽんぎ　など）が読める。

8.3.6　助詞「は」「へ」「を」

ひらがなの上記の指導で、単語は表記できるが、日本語の文章を表記するには、まだ十分ではない。

ひらがな指導の最後は、文章表記の決まりである。「これは　ほんです」の助詞「は」（subject marker）は /ha/ ではなく /wa/ と発音し、「ぎんこうへ　いきます。」の助詞「へ」（direction marker）は「へ」ではなく「え」と発音される。表記と発音が一致しない。

さらに、目的格の助詞（object marker）/o/ は、発音は「お」と同じであるが、表記は「を」を使う。「りんごを　たべます」

文中の助詞の読みの練習も必要であるが、日本語学習の入門期のひらがな習得期では、まだ学習していない文型であるから、導入にとどめておくだけでよい。

ひらがなだけで書かれた単語や文は、成人の日常生活で見かける機会は少ないかもしれない。しかし、日本語学習初期におけるひらがな習得による発音教育が受ける恩恵は大きい。なかでも重要な日本語の「拍」感覚習得に果

たすひらがなの効用は、強調してもしすぎることはないだろう。もちろん、ひらがなを単に文字教育だけでなく、発音教育の一環として指導した場合のことである。

外国語の学習者が学習意欲を高める要因は、いろいろあると思われるが、学習者にとっては、何にもまして、学習言語でネイティブ・スピーカーに通じることであろう。文法、語彙、社会文化的に正しい対応をしたとしても、発音が正しくなければ、一度で通じず、聞き返されたり、誤解されたりする。発音の違いの中でも「拍」の違いによることが多いことを学習者に理解させ、常に正しい拍の発音に心がけさせるだけで、ネイティブ・スピーカーの日本人にとって正しい聞き取りやすい発音になり、日本人から「え、何？」のように聞き返されたり、誤解されたりすることが半減するだろう。

次の会話は外国人学習者と日本人の会話である。

A：きのう　えきまえのびょういんへ　いきました。

B：えきまえのびょういん？　えきまえにびょういんがあったかな……

どこかわるいんですか。

A：？？？

行き違いの原因がおわかりだろうか。Aさんは外国人である。Aさんは、美容院のつもりで言っているのだが、日本人には、病院と聞こえたのである。つまり、美容院は「びよういん」と5拍で発音しなければならないところを、4拍で発音したので、「病院」に聞こえたのである。これは、学習者のレベルに関係なく言えることである。

日本語の学習で中級や上級になると、語彙数も増え、中でも漢字熟語が増えるので、より正しい拍での発音が要求される。

「主張」「しゅちょう」（3拍）　／「出張」「しゅっちょう」（4拍）

「事件」「じけん」（3拍）　／「実験」「じっけん」（4拍）

「故障」「こしょう」（3拍）　／「交渉」「こうしょう」（4拍）

「故障しました」のつもりで、4拍で発音すると「交渉しました」に聞こえるため、意味が通じなくなり、誤解されるか、「え、何？　何を交渉したの？」と聞かれるであろう。

日本語が母語である日本語教師は、「拍」感覚を無意識に習得しているせいか、学習者の「拍」感覚養成に無頓着になりやすい。学習者にひらがなを習得させるときも、文字教育を優先させてしまいがちである。ひらがな学習が日本語の音韻の単位である「拍」習得に重要である、というひらがな指導の意味と効果を意識して指導するかそうでないかで、学習者が日本語の基本的な音韻が身につき、日本語の発音に自信が付くか、単なる文字教育に終わり、機械的な書くだけの練習で日本語の文字嫌いになるか、違ってくるはずである。

第9章

日本語教育での文法指導

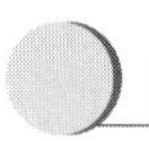

9.1　日本語教育での文法用語

日本語教育では、文法指導に際し、なるべく専門的な用語を使用しないようにする。学習者の中には自国語でも文法用語がわからない人もいるし、また、通常、学習の目的が文法習得ではなく、運用能力をつけることだからである。

したがって、使用される文法用語は必要最小限で、学習者が覚えるのに負担を感じない用語になる。外国人学習者にすぐわかるように、語の外形から命名されていることが多い。いわゆる国文法に使用されている用語と異なることもあり、日本語教育に従事していない人には、わかりにくい用語もある。しかも日本語教育界内においても、これらの用語は必ずしも統一されているとはいえず、教育機関などにより多少異なる。

ここに代表的な使用文法用語を載せておく。本書でもこの用語を使用する。

「動詞」

ます形、ます form：	いわゆる連用形の一種で、丁寧形ともいう。 「書く」の「ます形」は「書きます」
て形、て form：	いわゆる連用形の一種、接続助詞

「て」を伴う形
「書く」の「て形」は「書いて」
「読む」の「て形」は「読んで」

普通形、plain form：　丁寧形ではない形を指す。
「書きます」の普通形は「書く」
「書きました」は「書いた」

辞書形、dictionary form：　いわゆる終止形。

ない形、否定形、negataive：　いわゆる未然形。

た形、過去形、past：　いわゆる連用形の一種。

やりもらい：　授受表現のこと。「あげる」「もらう」など。

honorific：　尊敬

humble：　謙譲

u verv, strong verb, consonant verb、グループⅠ動詞：五段活用動詞

る verb, i る／ e る verb, weak verb, vowel verb、グループⅡ動詞：一段活用動詞

irregular verb、不規則動詞、グループⅢ動詞：カ行、サ行の変格活用動詞

「形容詞」い形容詞、い adjective：いわゆる形容詞のこと。

な形容詞、な adjective：いわゆる形容動詞のこと。

「助詞」 particle、助詞：助詞であるが、格助詞、係助詞などの用語は使わない。

「連体詞」prenoun：例　この、その、大きな、ちいさな　など

助動詞、活用形の未然形、連用形、終止形、連体形、感嘆詞などの用語は、あまり使用しない。その他のものは必要であれば、国文法と同じ用語、または、その翻訳語を使う。例えば、名詞は noun、副詞は adverb、受身は passive など。

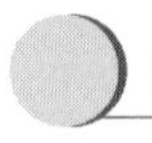

9.2　文型による文法指導

日本語教育では、文法教育と言っても、文法そのものを指導するのではなく、通常、文型の形で文法を指導する。文型とは、何らかの観点から、文を分類した時の各類型のことであるが、ここでは、主に文の構造を基準にして文型を捉えることにする。

9.2.1　初級指導文型

初級では、指導する基本文型が大体決まっており、それらの文型を指導することによって、日本語文法の基本的骨組みをつかませるようになっている。ここでいう初級とは、日本語教育で初級と呼ばれているもので、基本的な日本語を理解し、使用することができるレベルである。週5日毎日3時間集中で学習して、通常6か月で到達するレベルである。

初級で指導する文型は、テキストにより多少異なるが、主な指導事項の文法は次のとおりである。わかりやすいように例文を示した。

（Vは動詞、Nは名詞、Aは形容詞を指す。）

	文型	例文
(1)	名詞述語文～はNです。	スミスさんは学生です。
(2)	動詞述語文	
	～にV（起きます　など）	スミスさんは6時におきます。
	～へV（行きます　など）	スミスさんは中国へ行きます。
	～で～をV（食べます　など）	スミスさんは喫茶店でお茶を飲みます。
	～に～がV（あります、います）	机の上に本があります。 窓のそばにスミスさんがいます。
(3)	形容詞述語文～は　いAです	このケーキはおいしいです。
	～は　なAです	スミスさんの奥さんはきれいです。
(4)	依頼　　　　Vてください	窓をあけてください。

(5)	動作の進行	Vて　います	今スミスさんは本を読んでいます。
(6)	状態	Vて　います	学校の電話番号を知っています。
(7)	判断、推量	～と思います	スミスさんは明日家にいると思います。
		～かもしれません	明日も雨が降るかもしれません。
(8)	名詞修飾節		これは香港で買った時計です。
(9)	比較		リンゴとミカンとどちらが好きですか。
			朝と昼と夜といつが一番都合がいいですか。
			日本料理の中で何が一番おいしいですか。
(10)	助言	Vたほうがよい	早く帰ったほうがいいです。
(11)	理由、説明	Vんです	どうしたんですか。おなかが痛いんです。
(12)	禁止	Vてはいけません	芝生に入ってはいけません。
(13)	許可	Vてもいいです	鉛筆で書いてもいいです。
(14)	願望	～がほしいです	(私は) 大きいうちがほしいです。
		～がVたいです	(私は) 冷たい水が飲みたいです。
(15)	様態	～そうです	このりんごはおいしそうです。
(16)	伝聞	～そうです	あの店のケーキはおいしいそうです。
(17)	意思	-oう/ようと思います	(私は) 夏休みに富士山に登ろうと思います。
(18)	可能		この漢字は読めますが、あの漢字は読めません。
(19)	仮定、条件	～ば	天気が良ければ出かけます。
		～たら	雨だったら家にいます。
		と	右に曲がると郵便局があります。
(20)	列挙	～たり～たりする	テレビを見たり、本を読んだりしてい

	ます。
⑵1 対の自動詞、他動詞	窓が開く。 窓が開いています。
	窓を開ける。窓が開けてあります。
⑵2 やりもらい	友達にコンサートの切符をあげました。
	友達にコンサートの切符をもらいました。
	友達がコンサートの切符をくれました。
Ｖてあげる	友達に傘を貸してあげました。
Ｖてもらう	友達に傘を貸してもらいました。
Ｖてくれる	友達が傘を貸してくれました。
Ｖていただく	先生に日本語を教えていただきました。
Ｖてくださる	先生が日本語を教えてくださいました。
⑵3 使役　Ｖせる/させる	お母さんが子供に手伝わせました。
⑵4 受身　Ｖれる/られる	スミスさんは先生に褒められました。
	昨日雨に降られました。
	電車の中で財布をとられました。
	石油はイラクから輸入されます。
⑵5 使役受身　Ｖせられる/させられる	子供はお母さんにお使いに行かせられました。
⑵6 尊敬	いつ日本にいらっしゃいましたか。
おＶになる	昨日田中さんにお会いになりましたか。
⑵7 謙譲　おＶする	お荷物をお持ちしましょう。

もちろん、これらの文型は日本語教育の初級文型でも、日本語の中級、上級に進む学習者のためであり、初級で終わり簡単なコミュニケーションができればよいというのであれば、使役や受身などかなりの文型は学習する必要がないとする考えもある。しかし、実際の生活で日本人がやさしい文型だけで話しかけてくれるわけではない。聞き取れなくては、簡単な会話も継続で

きない。したがって、使役、受身や敬語など学習者が使用できなくても、聞いて理解する必要はある。

例えば、相手が大人であれば「どちらからいらっしゃったのですか」と質問するのは普通である。この際、「いらっしゃる」が「来る」の敬語であることがわかっていたら、「イギリスから来ました。」と答えればよい。日本人であれば、初対面であれば、初めから「どこから来ましたか」と聞かないからである。敬語で質問されても、初級であれば、謙譲の「まいりました」が使えなくても、「来ました」を使用すればよい。また、成人の外国人学習者には、学習者の母語での文法が習得済みである。したがって、外国語である日本語の文法を母語と比較して学習する認知能力も発達しているはずである。したがって、文型指導は成人の学習者には効果的である。コミュニケーションのための適切な日本語の使用は、話し手と聞き手の関係、話題、緊急度、重要度などの状況で、表現が異なったり、談話として、前に丁寧な前置きが必要だったり、最後まで表現しないなど語用面での配慮が必要である。初級の学習者には、最低限の丁寧さと相手に不快感を与えない文型が使用できればよいだろう。

9.2.2　初級文型の指導順位

初めて日本語を学習する外国人学習者は、初級日本語文法の体系を指導するには、文法の何から指導したらよいのだろうか。そして、どのような順序で指導したら、効率よく外国人学習者に日本語の文法体系を理解させられるのだろうか。学習者の学習負担を考え、文末に注目し考えてみることにしよう。

日本語の文末の言い切り表現は、次のように三つに大別できる。文末は、また、文体により formal（丁寧体、です/ます体）、informal（普通体）に分類される。

1）名詞述語文　　　　　NはNです/Nだ

2)　形容詞述語文　　　　NはAです/A

3)　動詞述語文　　　　　NはNに／Nへ／Nを　Vます/V　　など

1)　名詞述語文

通常、日本語教育の初級の初めに登場するのは、上記1)の名詞にいわゆる断定の助動詞「です／だ」が接続する名詞述語文である。文体では、外国人学習者が成人であれば、コミュニケーションの摩擦を生じさせないように、丁寧な文末表現「です/ます体」から始めるとよい。文末のinformal（普通体）は初級後半ぐらいから、親しい人同士の会話として指導するとよい。

名詞述語文（NはNです）でテキストの初めの課にでてくる文は次のような文である。

（私は）学生です。

これは本です。　それは何ですか。

あのかばんはいくらですか。　あれは5000円です。

事務室はあそこです。　など

これらの名詞述語文は、身の回りの物を何というか尋ねたり、いくらであるか値段を尋ねたり、場所を尋ねたりすることができるし、名前、国籍、職業などを言うことができる。つまり、これらの名詞文で、自己紹介、買い物、物の名前を知るという機能を果たせる。いずれも始めて日本語を学ぶ外国人学習者にとって、日常生活上、基本的な機能を果たすし、必要な新しい語彙も習得できるので、名詞述語文からの導入は妥当である。

形態上も名詞に「です」「じゃありません/ではありません」を接続させれば、肯定の表現も否定の表現も習得できる。また、丁寧な表現で初対面でも使用できる。

肯定文　NはNです。

否定文　NはNじゃありません/ではありません。

また、日本語では疑問文も語順が変化することはなく、文末に「か」をつければよいだけである。

疑問文　N1はN2ですか。

また、便利なことに英語のように 'who'、'what' などの疑問詞にあたる語が来ても、語順は変わらない。

N1はN2（何、いくら、だれ、どこ）ですか。

これは何ですか。

それは辞書です。

2)　形容詞述語文

名詞述語文の後は、形容詞述語文に進むのが妥当のように思えるが、日本語教育では、通常、形容詞述語文は動詞述語文の後に指導されることが多い。というのは、日本語の形容詞は次のように文末で活用するからである。形容詞「暑い」の場合、丁寧体では、以下のようになる。

暑いです。

暑くありません/暑くないです。

暑かったです。

暑くありませんでした/暑くなかったです。

さらに、いわゆる形容動詞も、日本語教育では「な形容詞」として指導されるが、こちらは、上記の形容詞文と文末で異なる活用をする。「きれい」の場合、丁寧体では、以下のようになる。

きれいです。

きれいじゃありません/きれいではありません。

きれいでした。

きれいじゃありませんでした/ではありませんでした。

したがって、入門期の外国人学習者に形容詞の語彙習得と形に変化がある活用学習は負担が大きすぎる。また、「い形容詞」と「な形容詞」の混乱で否定形「暑いじゃありません」「きれくありません」、過去形では「暑いでした」「きれかったです」などの誤用を起こしがちである。さらに、学習者が苦労して学習しても、名詞述語文と形容詞述語文だけでは、使える場面が少なく、機能的ではない。但し、形容詞でも名詞を修飾する形で、名詞述語文の中に、一部導入されることがある。この場合は「い形容詞」と「な形容詞」の名詞修飾の違いをしっかり身につけさせることができる。

例　この赤いかばんはスミスさんのです。
　　そのきれいな花はいくらですか。

3)　動詞述語文

日本語教育では、名詞述語文の後、通常、動詞述語文が続く。動詞もいろいろあるが、どのような種類の動詞から指導されるのだろうか。テキストにより「あります」、「います」の所在や存在を表す存在動詞から導入される場合と、「行きます」「来ます」の往来を表す往来動詞や、「起きます」「寝ます」の一般動詞から入る場合がある。前者は、物、人の所在がわかるという機能を優先させている場合である。つまり、「トイレはどこにありますか。」「田中さんはどこにいますか。」「駅の前に銀行があります。」などが使用できる。後者の動作動詞を先行させる場合は、日常生活の行動が説明できるという機能がある。

一般には、存在動詞の「あります」「います」を一般動詞の後に指導している場合が多い。その理由として、外国人学習者の学習負担がある。まず、日本人にとって、「あります」「います」の違いがむずかしいものではないが、ほとんどの外国語では、所在や存在しているのが物か人や動物などかで使い分けることはしない。英語でも単数、複数により使い分けるが、存在するものが生物かどうかでは使い分けをすることはない。また、外国人学習者にとってむずかしい助詞の使い分けも学習しなければならない。

つまり、机の上に本があります。

本はどこにありますか。机の上にあります。

助詞「は」の他に「が」が導入されるのである。入門期の学習者にとって、所在、存在を表すという機能で、母語とは異なる「あります」「います」の使い分けと助詞の使用の習得は上手に指導されないと混乱が起こる。テキストによっては、「は」と「が」の使い分けに積極的に取り組み、会話文の中で使い分けがわかるように配慮されているものもあるが、教師がその配慮に気がついていない場合もある。

日本語を母語としている日本人にとっては、前に述べたように無意識に助詞は習得しているので、その運用には何の困難も感じないが、母語に助詞のない大半の学習者にとってやさしいものではないことを心に留めておく必要がある。

このように、動詞指導では、存在動詞が先行するか、動作動詞が先行するかの指導順序の問題があるが、いずれにせよ、動詞指導では動詞の指導だけでなく、必要な助詞を付けて指導することが重要である。後ほど助詞指導については、詳しく述べるが、日本語教育では、国語教育のように助詞を取り出して、「を」は格助詞であるというような説明をすることはない。助詞は動詞とともに文型の中で指導する。

次に、動詞の形、活用、文型から見た指導順位に触れる。外国人学習者に指導する日本語教育の初級では、テキストにより若干変わるが、同じような順位を取ることが多い。動詞の活用は、文型の形で初級のレベルで提示される。

日本語教育の初級の大きな文型の流れは

事実描写文のような客観的描写文　→　話し手の判断、推量を表す文

→　受身のように視点の移動がある文　→　待遇表現を表す文

文体では

丁寧体　→　普通体

以上をまとめると、初級日本語の入門期の指導順位は、大体次の表3に示すようになるだろう。

表3　初級日本語入門期の指導順位

文　体：	丁寧体			→普通体
文　末：	名詞（述語）文→動詞（述語）文		→形容詞（述語）文	
		往来動詞→動作動詞→存在動詞		
動詞活用：		丁寧形（ます形）	→て形	→普通形
表　現：		事実描写	→依頼	→判断推量

次に、代表的な初級テキストの中で動詞の活用からみた指導文型の順位の例を示す。日本語教師、または、これから日本語教師になる方は、使用するテキストでどのような順位になっているか確認すると、初級文法指導の流れがはっきり把握でき、指導しやすくなるだろう。

例『みんなの日本語　初級Ⅰ第2版』(2012)
『みんなの日本語　初級Ⅱ第2版』(2013)

名詞文	→動詞文（ます形）	→形容詞文	→動詞文	→名詞文・形容詞文（過去）
	起きます・ました	高いです	あります	雨でした
	来ます	きれいです	います	おいしかったです
	買います			
	あげます			

→動詞（て形）	→動詞（ない形）	→動詞（辞書形）	→動詞（た形）
Vてください	書かないでください	食べることができます	Vたことがあります
Vています		食べる前に～	
Vてもいいですか			

→普通形			**→名詞修飾節**	**→授受動詞**
動詞文	こない	と思います	作ったケーキ	てもらいました
形容詞文	高い			てくれました
名詞文	休みだ			

→可能形	**→自動詞、他動詞**	**→意向形**	**→命令形**	**→仮定形**	**→受身**
書けます	しまっています	食べよう	急げ	～ば	しかられる
	しめてあります	行こう	触るな		

→様態	**→伝聞**	**→使役**	**→尊敬**	**→謙譲**
降りそうです	降るそうです	させる	お書きになる	お呼びする

もちろん、日本語教育では、文法だけを指導するわけではなく、その使い方、語用面も指導する。日本語を母語としているものは、場面における適切な使用や運用も無意識に習得しているため、外国人学習者の習得困難が理解できないことが多い。母語である日本語を指導する場合は、母語がどんな言語か意識化し客観的に捉えなおす必要がある。日本人なら誰でも、日本語を母語としない外国人に効率的に指導できるというわけではない。

第10章

初級文型事項の指導法と留意点

日本語指導では、最初にひらがなの文字指導を音声教育の一環として行うこと、及びその指導法と留意点については第８章で述べた。前章の第９章では、日本語教育での文法指導について、文型による文法指導であること、通常、初級で扱う文型にはどのような文型があり、どのような順位で指導されているかについて述べた。

本章では、初級文型の具体的な指導法と指導の留意点について述べる。本書の文型指導は、国文法的なアプローチではなく、あくまでも日本語を第二言語として学ぶ学習者の視点に立っていること、対象者はすでに第一言語を習得し、理解や推論などの認知能力が発達している成人の第二言語の日本語教育という前提で述べる。

本書で取り上げる初級文型は以下の通りである。特定のテキストに準拠しているわけではないので、どのテキストの指導においても参考になるであろう。いわゆる初級で出てくる文型を取り上げているので、テキストによっては、扱っていなかったり、提出順序が異なることもあると思われるが、特に、母語話者の日本人教師が無意識に習得した日本語の指導で意識化が必要なところ、また、指導においては、学習者が習得困難な点を中心に学習負担を少なくすること、学習者の認知能力を生かすことなどに注意をはらって述べている。

本書の指導法は、多くの国籍の学習者で、さまざまなニーズを持つ学習者への長期間の指導経験と第二言語習得論、語用論、認知言語学、認知心理学などの知見に基づいている。特定の教授法にのみ基づいているものではない。

以下の初級文型の指導法を取り上げる。

1．「～は～です」、2．「こ・そ・あ・ど」、3．動詞、4．形容詞、
5．動詞「て形」、6．普通形－現在、7．普通形－過去、
8．名詞修飾節、9．比較の表現、10．様態の「そうです」、
11．伝聞の「そうです」、12．願望・希望表現、13．可能表現、
14．仮定・条件の表現、15．自動詞と他動詞、16．授受表現、
17．使役表現、18．受身表現、19．使役受身表現、20．敬語表現

10.1 「～は～です」

通常、日本語教育のテキストでは、文型では、名詞述語文「～は～です。」で始まる。その内容は、次のような文である。

アリさんは学生です。
田中さんは学生じゃありません
アリさんはなに人ですか。

「～は」はいわゆる主語に当たり、英語などの主語と同様に、アリさん＝学生になる。しかし、日本語の「～は」は、「東京は朝です。」「田中さんは大阪です。」のように「東京≠朝」、「田中さん≠大阪」にならない場合が多い。

助詞「は」については、今まで多くの学者によりいろいろな角度から研究が進められてきているが、いまだ、はっきり説明できない部分もある。しかし、その中でも「は」の用法を二つにとした久野（1973）の考え方がわかりやすい。

「は」の用法 ⑴　主題を表す「は」

太郎は（太郎に関していえば）学生です。

東京は（東京に関していえば）朝です。

⑵　対照を表す「は」

雨は降っていますが、雪は降っていません。

日本語の助詞「は」の特徴は、主題を表す「は」で、この用法を意識的に初めからテキストの中に「～は～です」の文型で取り上げたのは、『An Introduction to Modern Japanese』（The Japan Times）の第1課「東京は朝です。」や『文化初級日本語Ⅰ』（文化外国語専門学校）1課「テストは9時10分からです。」がある。

「～は～です」の文型を「太郎は学生です。」「スミスさんはアメリカ人じゃありません」などの文例で指導するより、上記の文例のほうが日本語の助詞「は」は英語などの主語ではないという特徴を学習者に理解させやすい。

文型

① 肯定文　～はNです。

② 否定文　～はNじゃありません／ではありません／じゃないです。

③ 疑問文　～はNですか。

（Nは名詞　以下同じ）

②の否定文は、自然な話し言葉重視の一般成人向けの日本語教育のテキストでは、「じゃありません」「じゃないです」が、初級の初めから読み書きも重視する進学目的の予備教育用のテキストでは、「ではありません」が多い。

③の疑問文は、日本語では平叙文と語順が変わらず、文末に助詞「か」をつけるだけでよい。「なに」「だれ」などの疑問詞の疑問文も、上記文型のNのところに疑問詞が入るだけなので、語順の変化がなく非常にやさしい。

通常、日本語教育の初めでは、Nの名詞のところには、名前、国籍、職業、時間、物の名前、値段、場所などがくる。疑問詞も「誰／どなた」「何」「いくら」「なんじ」「どこ」が学習され、自己紹介、買い物ができ、物の名前を聞いたり、時間を聞いたりなど日常生活の必要なことができるようになる。

例　スミスさんは　　なに人　　ですか。

　　（スミスさんは）アメリカ人です。

過去形の「～でした」「～じゃありませんでした／ではありませんでした／じゃなかったです」は名詞に形容詞の修飾を伴って、後の課で提示されることが多い。

例　きのうは　いい天気　でした。

　　にぎやかなパーティ　でした。

指導する際に注意する事項

1)　主語の省略の扱い

日本語の主語は、文脈からわかる場合は省略されることが多い、しかし、日本語教育の文型導入の段階や、文型の定着をはかる基礎練習の段階では、主語を省略させないほうが構文上の理解をさせやすい。基本文型が習得された後、より自然な会話を練習したり、応用練習では、場面に応じて適切な主語の省略を習得させるとよい。

2)「あなた」の用法

学習者が成人であれば、日本語の習い始めでも、初めからコミュニケーションの摩擦を起こさせないような指導の配慮が必要である。初級のテキストの中には「あなたは誰ですか。」のような文を提出されていることがあるが、適切な表現ではないだろう。というのは、日本語の人称代名詞「あなた」は英語の'you'のように、幅広く使用できる言葉ではなく、同等もしくは目下の人に使う言葉だからである。それに、通常、日本語では目の前にいる人が会話の相手なら、主語を言う必要がない。もし、使う場合も「あなた」より、田中さん、先生など名前や職名を使う。したがって、用法に制限もあり、構文上も必要度が低い人称代名詞の「あなた」をこの段階では、積極的に指導する必要はないと言えよう。

また、成人学習者には相手の名前を聞く表現として、上記のような「だれですか。」「なまえはなんですか。」より「どなたですか。」のほうが適切であり、習得させたい表現である。

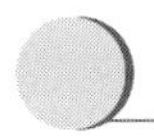

10.2 「こ・そ・あ・ど」

日本語の指示詞は、いわゆる「こ・そ・あ・ど」の体系をなす。「こ・そ・あ・ど」は代名詞、連体詞、副詞といろいろな品詞にまたがるが、日本語教育の入門期では、指示代名詞「これ、それ、あれ、どれ」と、連体詞「この、その、あの、どの」を扱い、現場指示のみで、文脈指示は扱わない

基本文型は「NはNです。」である。

文型

① これ／それ／あれ　　は～　です
② これ／それ／あれ　です
　　　　　　どれ　ですか
③ この／その／あの　N　は～です
　この／その／あの　Nですか
　　　　　　どの　Nですか

この文型で果たせる機能は、指さしして「物や人の名前を知る」「物の値段を聞き、買い物をする」などである。

例　これは　なんですか。
　　あの人はどなたですか。
　　そのかばんは　いくらですか。
　　どのかばんですか。

それです。

「コ・ソ・ア」の関係は、話し手と聞き手の関係から次のように対立型「コ」－「ソ」の関係と融合型「コ」－「ア」の関係で捉えることができる。

①　対立型…話し手が聞き手を対者意識で考えている場合

「コ」－「ソ」の関係

「これ」は話し手の領域にある物を指す。「それ」は話し手が自分領域のものでないと判定した時そのものを指していう。つまり、「それ」は話し手と聞き手の対立の場の関係では聞き手の領域にある物を指していう。

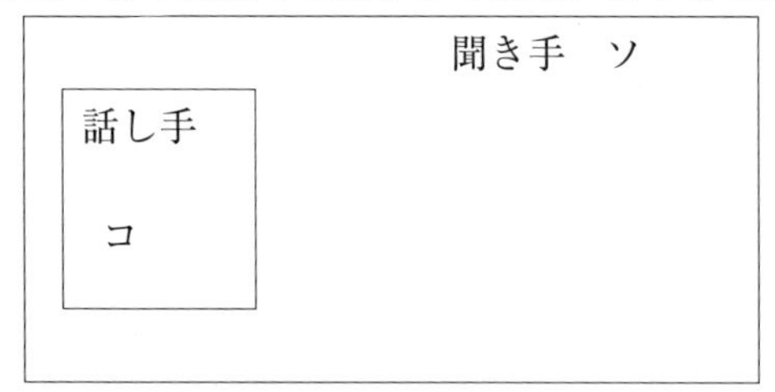

②　融合型…話し手が聞き手と場面を共有している場合

「コ」－「ア」の関係

話し手と聞き手が同じ領域にはいっている、または、入っていると感じているとき、その領域のものは「コ」で指し、それ以外の領域のものは、「ア」になる。話し手と聞き手の領域は融合している。

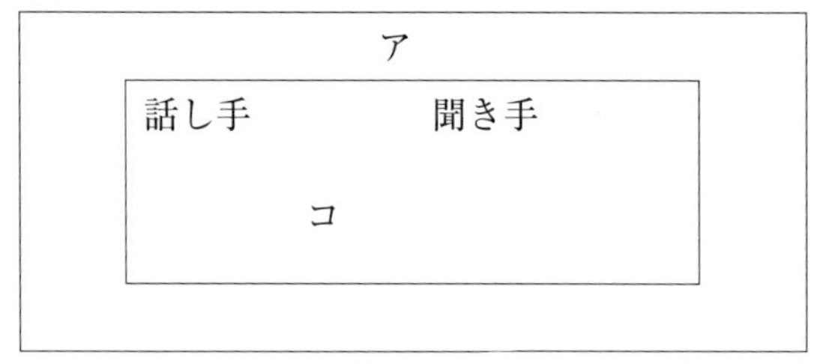

日本語の「コ・ソ・ア」の体系は、話し手と聞き手の領域でとらえているのが特徴であり、「コ・ア」のような二つの対立しかない母語の学習者にはむずかしい。しっかり「コ・ソ・ア」の関係を習得させたい。

指導する際に注意する事項

「コ・ソ・ア」の指導は、「これ」「それ」「あれ」を同時に指導せず、段階を踏んで少しずつ導入していったほうが理解させやすい。

【指導例】

(1)　指示代名詞として

①「コ」の指導

これはほんです。　　　　　これはかばんです。

②「コ」－「ソ」の対立

これはなんですか。　　　　それはほんです。

③「ア」の指導

あれはなんですか。　　　　あれはびょういんです。

④「コ・ソ・ア」を混ぜた練習

これはなんですか。　　　　それはなんですか。

あれはなんですか。

⑤「ド」の指導

あれはなんですか。　　　　どれですか。

(2)　連体詞として

①「コ・ソ・ア」

この時計はいくらですか。（その時計は）5000円です。

あの人はだれですか。（あの人は）田中さんです。

②「ド」

あのかばんはいくらですか。どのかばんですか。

「コ・ソ・ア・ド」は、話し手と聞き手の位置と指し示す物の位置が対立か、融合がはっきりした場面設定で導入、指導することが大切である。以下に具体的な指導例を示す。

1）「これ」

「これ」の指導の時は、話し手の手の届く範囲の物を指して、「これは〜です」とする。通常の教室状況で教師と学習者が相対している場面では、教師が、「これは〜です。」と言ったものは、聞き手の学習者からは「それは〜です。」になる、したがって、教師が本を手に持って「これは本です。」と言って、学習者にそのまま教師の後について「これは本です。」リピートさせてはいけないことになる。教師の発話は聞いているだけにさせることが大切である。「これ」を学習者に言わせるときは、学習者各自に本を持たせたりして、「これは本です。」と言わせるようにすることが肝要である。しかし、教師が学習者のそばに行った場合は対立型にならないため、学習者の物を指して「これは本ですか。」と質問した場合、その学習者は「はい、これは本です。」。さらに学習者のそばの辞書をさし、「これも本ですか」と質問した場合、学習者は「いいえ、これは本ではありません。これは辞書です。」とすべて「これ」で答えさせる。

2）「それ」

「それ」の指導の時は、聞き手（学習者）の手の届く範囲のものを指して、話し手（教師）は「それは〜です」という。もちろん、聞き手にとっては「これは〜です」になる場面である。特に「コ・ソ」の対立を指導するときの物は、話し手である教師の領域か聞き手の学習者の領域かはっきりしない中間の場所や、中途半端な場所に置かないようにすることが大切である。また、話し手（教師）が聞き手（学習者）に近づくと「コ」の場面になるので、話し手と聞き手の間は常にある距離が置かれているほうが指導の導入では理解させやすい。

3）「あれ」

「ア」の指導は、話し手と聞き手が近づき、遠くのものを指すと、理解させやすい。教師は学習者のほうに入り、教室に窓があれば、窓から見えるものを指して、「あれは銀行です。」と言う。この場合、話し手の教師も聞き手の学習者も「あれは～です。」になる。

以上のように、日本語教育では、「これ」「それ」「あれ」を単に、近いもの、中間の物、遠いものを指すという指導はしない。導入練習では、話し手である教師の位置、聞き手の学習者の位置と、指し示すものの位置に十分配慮し、学習者の目から見て、どちらの領域に入るかはっきりわかる設定で導入すれば、特に文法の説明をする必要はなく、理解させることができる。

4)「どれですか。」

「どれですか。」は、どれを指しているかわからない状況を設定して導入する。

例えば、教師の机の上に学生の知らないもの、何かわからないものをいくつか近づけておいておく。学習者に質問するように促す。

S：それはなんですか。
（教師はどれを指しているのかわからないので、少しオーバーな動作で首を傾けながら）
T：どれですか。
（一つずつ取り上げて）これですか。　これですか。
S：それです。
T：これは時計です。（一見、時計とわからない時計）

5)「この、その、あの、どの」

いわゆる連体詞で、常に名詞の前に置かれ、「このN」「そのN」「あのN」「どのN」の形で使われる。「これ、それ、あれ、どれ」の名詞のように単独で、主語になったり、「です」の前にそのままきたりすることはない。つまり、「このは～です。」とか「このです」とかいえない。

英語では、「これ」も「この」も同じ 'this' を使うので、翻訳していると学習者の中には混乱を起こすものも出てくる。安易に「これ」は 'this' と翻訳を与えないほうがよい。

10.3　動詞

事物、物的・心的事象の作用・変化を表す語を動詞とする。どの動詞から指導するかは、前述したとおり、「ある」「いる」の存在動詞からと「起きる」「食べる」などの一般動作動詞からがある。

ここでは、前者を取り、存在動詞から動詞を指導することにする。一般的な動詞の特徴や、いわゆる活用の型による分類、動詞の丁寧形である「ます形」の作り方については、存在動詞指導のあと、つまりいろいろな動詞が出せる動作動詞のところで述べることにする。言葉の指導で大切なことは、その言葉の意味、形態、用法を正しい発音で提示することである。この三つのいずれをも欠かさず、しかも、日本語の文法体系がわかるように導入しなければならない。特に形態については、教師が日本語の母語話者である場合は無意識に習得しており、考えることなく形ができるため、つい意味や用法と違い学習者がすでに知っているものとして分析的、かつ、体系的な指導を怠りやすい。

1)　存在動詞

[形態]

存在動詞は「ある」「いる」であるが、丁寧形の「ます形」である「あります」「います」で指導する。辞書形の「ある」「いる」は導入だけにとどめたほうが良い。

ここで大切なことは、日本語にはものの存在、所在を表す動詞が2種類あり、存在するものにより使い分けるということである。通常、この段階では学習者の学習負担と使用の必要性から過去形は提示しない。

活用

辞書形	丁　寧　形	
	肯　定	否　定
ある	あります	ありません
いる	います	いません

［意味］

・「あります」は 'inanimate'（生命のない）の存在を表すとされるが、単に生命のあるなしでなく、自分の意思で動けないものの存在を表す。したがって、植物の存在は、生命があるが、自力で動けないので、「ある」である。

例　本が　あります。

　　木が　あります。

・「います」は 'animate' の存在で、自分の意思で動けるものの存在を表す。人間や動物が該当するが、これらの物も命が無くなれば、その存在は「あります」で表す。

例　男の子が　います。

　　魚が　います。（生きて泳いでいる）

　　魚が　あります。（生きていない）

(1)　**存在文**

文型

肯定文

（場所）に（物）が　あります

（場所）に（人・動物）が　います

例　ここに　かばんが　あります

　　あそこに　田中さんが　います

否定文

（場所）に（物）が／は　ありません
（場所）に（人・動物）が／は　いません

例　ここに　カメラは　ありません

　　教室に　リーさんは　いません

存在を表す動詞は、存在するものとその場所を必要とする。存在場所には、助詞「に」を、存在動詞のすぐ前の存在物には、助詞「が」が必要である。

存在文の肯定文で助詞「が」が初めて登場するが、動詞「あります／います」の前に使うというぐらいで、特にこの時点では文法的説明をする必要はない。

指導する際に注意する事項

「あります」「います」の概念、意味が理解できたら、まず、使い分けの練習が必要である。いろいろな物、人、動物を挙げて、助詞「が」をつけて、すぐ「あります」「います」がでてくるようにさせるとよい。

T：かさ……

S：かさがあります。

T：先生……

S：先生がいます。

この場合、「あります」「います」の使い分けでTが「傘が……」「せんせいが……」とするのはよいが、使い分けが理解できたら、例のように、助詞の前で区切って後を言わせたほうがよい。助詞をつけてしまうと助詞「が」に注意がいかなくなり、助詞「が」の脱落を起こし「かさ　あります」になりやすい。

否定文では、助詞「が」より助詞「は」を用いて、「～は　ありません／いません」のほうが自然であるので、練習では「は」を使って練習したほうがよい。

上記文型の「(場所）に」は後半の「〜が　あります／います」「〜は　ありません／いません」がスラスラいえるようになってから文型を拡大して指導するとよい。

本がありますか。　いいえ　本はありません。

そこに本がありますか。　いいえ（ここに）本はありません。

「(場所）に」で用いる場所を表す単語は、「ここ、そこ、あそこ」の指示詞、「教室、図書館、学校、アメリカ、中国」などのように単純で短いものから「つくえの上」「いすの下」「かばんの中」「スミスさんの鞄の中」「あのテレビの下」のように段階的に複雑なものにひろげていけばよい。「上、下、中、前、後ろ、そば、隣」などはいわゆる前置詞ではないので、英語圏の学習者には「〜の上」が「上の〜」にならないように注意して指導する。日本語の「上」は英語の 'on'、'over'、'above' を含むことを教師は留意して指導することも肝要である。

存在動詞は「あります」「います」の使い分けだけでなく、助詞も「に」「が」「は」「の」と増えてくるので、文型の指導順位に配慮しないと、「あります」「います」の誤用や、助詞の脱落が起こる。特に後述する所在文と存在文は、助詞の違いによる文型の差だけでなく、話し手の焦点の当て方も違うので、「あります」「います」の使い分けがなく、助詞を使用しない言語の学習者には混乱が生じないように段階的に指導するとよい。

【指導例】

〈構文練習〉①から⑥は存在文、⑦から⑧は所在文

①	〜が	あります	本があります
		います	学生がいます
②	〜は	ありません	本はありません
		いません	犬はいません
③	〜に	〜が　ありますか	そこに日本語の本がありますか
		いますか	あそこにスミスさんがいますか

④　～に　なにが　ありますか　　かばんの中になにがありますか
　　　　　　　　　いますか　　　はこの中になにがいますか
⑤　～に　だれが　いますか　　　エレベーター—の前にだれがいますか
⑥　①～⑤を混ぜて練習
⑦　～は　～に　あります　　　　本は机の上にあります
　　　　　　　　います　　　　　先生はドアの前にいます
⑧　～は　どこに　ありますか　　本はどこにありますか
　　　　　　　　　いますか　　　山田さんはどこにいますか
⑨　③から⑧を混ぜて練習

〈場面会話練習〉

〈タスク練習〉

文型導入定着の一般的な練習順位を挙げておく。

文型の導入→文型中の活用形の練習→文型構文練習（肯定文→否定文→yes/no の疑問文→ wh の疑問文）→場面会話練習→タスク練習

上記練習順位はあくまでも、文型導入定着の順序である。コミュニケーション重視の指導では、タスクから入りタスク達成に必要な文法に気づかせ、練習する順位もある。

(2)　所在文

文型

～は　～に　あります／います

例　本は　かばんの中に　あります。

　　田中さんは　エレベーターの前に　います。

(1)の存在文は、「～に　～が　あります／います」の文型で、例えば「机の上に本があります」のように単に物の存在を客観的に説明している文である。

一方、2)の所在文は、物なり人なりを主題（topic）にして、それについて、どこにあるか、どこにいるかを述べた文である。文型は「（主題）は　～にあります／います」である。

指導する際に注意する事項

存在文から所在文への移行は段階的に行う。特に主題であるなどと説明する必要はないが、助詞「は」を意識化させるとよい。

【指導例】

〈基礎練習〉

①　(物を捜しながら)

T：日本語の本は……

T：日本語の本は　机の上にあります。

(リピートさせる)

S：日本語の本は机の上にあります。

T：スミスさんのかばんは……

S：スミスさんのかばんは　いすの下にあります。

②　(部屋の中、街の絵、図、写真を使って、物／人物の所在を聞く)

T：テレビはどこにありますか。

S：(テレビは) 窓のそばにあります。

〈会話練習〉

A：すみません。郵便局はどこにありますか。

B：あの駅の前にあります。

A：ありがとうございます。

B：どういたしまして。

〈応用会話練習〉

A：あのう……すみません。タクシー乗り場はどこにありますか。

B：えー　タクシー乗り場は　あの売店の前です。

A：あの売店の前ですね。どうもありがとうございます。

B：いいえ。

十分、基礎的な練習が済んでいれば、応用会話練習では、より実際生活の会話に近づけ、コミュニカティブにするために、「あります」を省略した形の練習も可能である。「あのう…すみません。タクシー乗り場はどこですか。」

注意：存在でも行事などの存在を表す文は、行事が行われる場所の助詞が「で」になるので、通常、初級の初めの時期には提示しないほうがよい。助詞「に」「で」の混乱が起こる。

例　図書館<u>に</u>　英語の絵本<u>が</u>　あります。

　　図書館<u>で</u>　会議<u>が</u>　あります。

但し、学習者がビジネスマンなどの場合は、初級においても助詞「で」に注意させ指導する場合が多い。

2)　日本語の動詞の分類

日本語の動詞を辞書形でなるべく多く思いつくままに発音してみると、共通点が一つある。例えば「行く」「話す」「待つ」「来る」「読む」「買う」「食べる」「見る」など思いつくままに動詞を発音してみてほしい。そうすると、/iku/ /hanasu/ /matsu/ /kuru/ /yomu/ /kau/ /taberu/ /miru/ となり、日本語の動詞は、辞書形がどれもすべて「-u」の音で終わるという特徴があることに気づかれるだろう。これには例外がない。

日本語母語話者は動詞の分類をする場合、動詞の活用をしてみる。「書く」であれば「書かない、書きます、書く、書けば、書こう」だから五段活用で、「見る」であれば、「見ない、見ます、見る、見れば、見よう」だから一段活用動詞と分類する。

それでは、活用がわからない外国人の場合は、どうするのだろうか。

日本語教育では、辞書に出ている形から二つに分類する。「-u verbs」「る verbs」である。「読む」は「yom-u」で「-u verb」である。「寝る」は「る」で終わるので「る verb」である。これは辞書形の発音から分類する方

表4　日本語教育における動詞の分類

① u verbs	辞書形が「-u」で終わっている動詞 　例　書く、話す、飲む、買う　など （いわゆる五段動詞で、日本語教育ではGroup Ⅰ動詞、strong verbs、consonant verbsなどとも呼ばれる）
② る verbs	辞書形が「-iる／-eる」で終わっている動詞 　例　見る、食べる、起きる　など ただし、例外がいくつかある。例外　帰る、入るなど （いわゆる一段動詞で、日本語教育では、Group Ⅱ動詞、weak verbs、vowel verbsとも呼ばれる）
③ irregular verbs	不規則動詞（いわゆるカ行・サ行変格活用動詞のこと、日本語教育ではGroup Ⅲ動詞とも呼ばれる） 　例　来る、する 日本語の不規則動詞はこの二つだけである。但し、「する」の前に漢語を付けると「調査する」「検討する」など無数の動詞ができるが、活用は同じである。

法なので、動詞活用を知らない外国人でも、どちらのグループに入るか容易に分類できる。つまり、五段活用とせずに、「-u verbs」、「一段活用」とせずに「る verbs」と分類する。これらの動詞は規則変化の動詞であるが、日本語の動詞は上記の規則的変化の動詞に不規則変化の動詞「irregular verbs」のグループがあり、表4のように3つのグループに分類される。

動詞の丁寧形「ます形」

成人対象の日本語教育では、通常、初対面を想定して、口頭表現では丁寧な文末表現を指導する。動詞では丁寧形である「ます形」をはじめに指導す

表5　動詞の丁寧形（「〜ます形」）の作り方

① u verbs （五段動詞）	**-u　→　-i ます** 例　かく　→　かきます
② る verbs （一段動詞）	**る　→　~~る~~　ます** 例　たべる　→　たべ~~る~~ます
③ irregular verbs （不規則変化動詞）	**くる　→　きます** **する　→　します**

る。

「ます形」は辞書形からグループ毎にルールに従って、簡単に作ることができる。各動詞グループのルールは表5の通りである。例外はない。

指導する際に注意する事項

u verbs（五段動詞）の「ます形」の作り方は、次のようにひらがなの五十音表を使えば、ローマ字を使わずに指導できる。

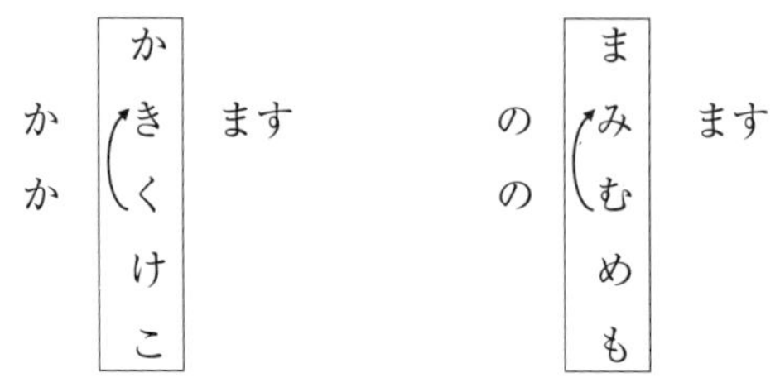

irregular verbs（不規則動詞）は「来る」「する」の二つだけなのでそのまま覚えるように指導する。

【指導例】

〈基礎練習、定着練習〉

①動詞の辞書形から「ます形」への変形練習

絵カード（動詞の意味を理解させる手段として）や文字カードを使って、まず、動詞のグループ別にルールをしっかり練習する。「u verbs」から「る verbs」「不規則動詞」の順で指導する。

例　かく　→　かきます

はなす　→　はなします　など

↓

みる　→　みます

たべる　→　たべます　など

↓

くる　→　きます

する　→　します

次にグループを混ぜて練習する。

②「ます形」の否定の練習

例　かく　→　かきます　→　かきません　など

③応答練習

（動詞の絵カードを使用して）

T：かきますか。

S：はい、かきます。

（絵カードに×マークカードをつけて）

T：かきますか。

S：いいえ、かきません。

この場合は、「ます形」にするドリルなので、「手紙を書きますか」のように助詞を入れて質問しないように注意する。

動詞の「ます形」は丁寧を表すだけでなく、「かきます」「かきません」と語幹の変化なしに規則的に例外なく肯定形、否定形などに変形できるため、入門期の学習者には学習の負担が軽いという利点もある。

動詞の普通形は、日常会話でよく使用されるが「かく」→「かかない」、「よむ」→「よまない」と語幹が変化する。動詞の導入期では、意味と活用、助詞を含めた使い方を同時に学習することになるので、普通形のように語幹

例　動詞の丁寧形と普通形の活用の比較

丁寧形	普通形
かきます	かく
かきません	かかない
かきました	かいた
かきませんでした	かかなかった

が変化すると、活用の誤用や不定着が起こる。また、普通形は初対面で使用できないなどの語用面を考慮しなければならないなど、学習者にとって学習負担が大きい。

過去形の「～ました」や過去否定形「～ませんでした」も、丁寧形では現在形の「ます形」と語幹が同じであるから、容易に形を導くことができる。形の基礎練習・定着練習もあまり時間をかけずにできる。

3)　往来・動作動詞

多くの動詞を一度に提出すると、学習者は混乱する。というのは日本語の動詞の使用では、助詞も一緒に指導することになるからである。しっかり、形態として丁寧形を指導し、動詞は助詞別に指導する。存在動詞については前述したが、動詞の本格的な指導は一般動作動詞からである。最初に扱うのは、往来動詞（行く、来るなど）や動作動詞（食べる、飲むなど）である。学習者が日常生活を説明描写するのに必要な基本的な動詞に限定する。具体的には、一日の生活、一週間のスケジュールなどで、何をするのか、何をしたか最低限の説明ができ、ほかの人にも質問できればよい。

動詞はその動詞が必要とする助詞（に、へ、を、で）ごとに提示して、類型としてとらえられるように導入指導すると、多くの動詞を一度に提示しても助詞の混乱を招かない。

文型1

〜は　(time) に　Vます　Vは自動詞

例　スミスさんは　6時に　おきます。

この文型で指導する動詞は「おきます」「ねます」「はじまります」「おわります」などの自動詞である。時間を表す助詞「に」がつく。数詞は、名詞文で「これはいくらですか」「1000円です」で、指導されていることが多い。但し、時刻を表す場合、数字の読み方が異なることがある、また、分では「ふん」「ぷん」と前の数詞によって決まっているので、指導しておく必要がある。例えば、4時は「よんじ」ではなく「よじ」である。5分は「ごふん」で10分は「じっぷん」である。

ここでは、動詞の指導なので、時刻に助詞「に」を付けることがわかり、使えることが重要である。

【指導例】

〈基礎練習、定着練習〉

①繰り返し練習（意味、発音、文型の基礎指導）

（動詞絵カードを見せながら）

T：おきます。

S：おきます

T：（絵の時計の6時を指しながら）

6時に　おきます。

S：6時に　おきます。

T：（絵の人物を指しながら）

田中さんです。

田中さんは　6時に　おきます。

S：田中さんは　6時に　おきます。

②質問応答練習

（全員に）

T：田中さんは　6時に　おきますか。

S：はい、田中さんは6時におきます。

T：せんせいは？　聞いて〈質問して〉ください。

S：せんせいは　6時に　おきますか。

T：いいえ、私は　6時に　おきません。（否定形の提示）

せんせいは　6時に　おきますか。

S：いいえ、せんせいは　6じに　おきません。

T：（なんじ？）聞いてください。

S：せんせいは　なんじに　おきますか。

T：（私は）7時に　おきます。

基礎練習は教師の発話をよく聞き、正しい文型で反応する練習であるから、語順をかえないことが大切である。上記学生たちSの発話は、教師の直前の発話を聞いていれば答えることができるようになっている。

このような練習はクラス全員から個人へと進める。教師は、この時学習者の発音や文型の間違い（助詞の脱落など）を訂正する。機械的な練習になりがちなので、実物や絵カードなど視聴覚教材を使用したり、だんだん速度を上げていくなどの工夫が必要である。

次に、学習者同士で同じ練習をすれば、教師の質問に答えるだけでなく、学習者も質問の練習ができる。教師→学習者A→学習者B→……のように教師がまず、学習者の一人に質問、同じ質問または教師のキューにより少し変形させた質問をその学習者は次の学習者に順に質問していくようなチェーンドリルも、基礎練習の一つの良い方法である。通常、この練習は、絵カードかフラッシュカードを使用し、かなり、速い速度で行う。

注：キュー：応答をうむために教師が与える合図

フラッシュカード：速く応答させうるためにキューとして瞬間的に見せるカード

T：S_1さん、S_1さんは、6時におきますか。

S_1：いいえ、私は6じに　おきません。

T：それでは、何時に　おきますか。

S_1：7時半に　おきます。

T：（S_2さんに？　手でS_1からS_2に質問するように合図する）

S_1：S_2さんは　6時におきますか。

「はい」の場合は、もちろん「なんじ」の質問はしない。次のS_2にはS_3への質問に時計や文字カード、または単に言葉で「6時半」などのキューを与えて質問させる。「6時半に」の助詞「に」を脱落させないように練習する。したがって、キューには助詞「に」を付けては練習の意味がなくなるので注意する必要がある。このように次々にキューを与えて質問させる。「いいえ」の場合「それでは」の言葉をつなぎに使用させるとより自然な練習になる。これらは、あくまでも文型の口慣らしのために基礎練習であるが、なるべく文型のための形だけの練習ではなく、意味のある練習にしたい。

次に、「毎朝」「明日」「日曜日」などを入れて、学生どうしお互いに自由に練習させるとよい。但し、「毎朝」「明日」などには助詞「に」が付かないので注意させる。

他の自動詞「ねます」「はじまります」「おわります」も同じように文型の基礎練習をしてから、場面を与えて会話練習をさせる。さらにタスク練習などを通して運用力をつける。

〈会話練習〉

（電話で）

A：もしもし、B映画館ですか。

B：はい、そうですが。

A：すみません。次の映画は　何時にはじまりますか。

B：7時45分です。

A：7時45分ですね。

B：そうです。

Ａ：それで、何時に終わりますか。

Ｂ：９時です。

Ａ：そうですか。どうも。

下線部に銀行、郵便局、病院、図書館などを入れて練習する。

〈タスク練習〉

実際に電話をかけて営業時間を聞いてみる。

Ａ銀行　（　　　　～　　　　）

Ｂ美術館（　　　　～　　　　）

Ｃ美容院（　　　　～　　　　）

動詞は、現在形で意味、文型の定着、運用力が付けば、過去での練習は、文末が「～ました」「～ませんでした」に変えるだけで容易にできる。

形の練習　　おきます　→　おきました　おきませんでした

質問応答練習　リーさんは　今朝　何時におきましたか。

（わたしは）（けさ）７時におきました。

文型２

～は　(place) **へ／に**　Ｖます　　Ｖは往来動詞

例　リーさんは　明日　大阪へ　いきます。

この文型で指導する動詞は、往来動詞で「いきます」「きます」「かえります」「でかけます」などである。助詞は方向を表す「へ」の代わりに、到達点を表す「に」でもよい。

往来動詞の中でも日本語の「行く」「来る」は、話し手中心の視点で使用される。

「行く」：話し手から離れる、または現在位置から遠ざかる。

例　私は　明日　京都へ　いきます。

「来る」：話し手のほうに近づく。

例　明日　学校へ　きます。

（学校に話し手がいる、または、話し手の意識がある。）

例　明日　学校へ　いきます。

（学校に話し手はいない、または、話し手の意識がない）

英語では、相手のほうに行くとき、相手中心に考え「来る」に当たる 'to come' を使う。

日本語では「行く」は、話し手から離れるどの場所でも使うことが出来るが、「来る」は今自分のいるところ、自分の家、日本にいれば、日本と場所が限定される。

友達が　日曜日に　私の家へ　きます。

私は　1月に　日本へ　きました。

「帰ります」も当然のことながら、帰る所は自分の家、自分の国であるから、場所が限定される。

（自分の）家へ　かえります。

（自分の）国へ　かえります。

どの場合も助詞「へ」だけでなく、助詞「に」も使用される。

文型3

～は　(object) を　Vます　　Vは動作動詞

例　パン　を　たべます。

コーヒーを　のみます。

しんぶんを　よみます。

この文型の動詞は、目的語を取る動作動詞で、いわゆる他動詞である。

「たべます」「のみます」「みます」「かいます」「かきます」「します」など多い。動詞「する」は単独に使われる場合と、「勉強する」のように漢語などに接続する場合があり、学習者は助詞の混乱を起こしがちである。

毎日、日本語の勉強　を　します。

毎日、日本語　を　勉強します。

これらの動詞の動作をする場所は助詞「で」で表される。

～は　(place) で　(object) を　Vます

Vは動作動詞

例　田中さんは　喫茶店で　コーヒーを　のみます。

時の表現は文型1、文型2、文型3のいずれにもつけることができる。日本語は助詞があるので、実際はそれほど語順は重要でない。「3時に　喫茶店で　コーヒーをのみます」も「コーヒーを　喫茶店で　3時に　のみます」も意味はちがわないが、日本語教育の入門期では、文型が定着するまで、ある程度語順は固定しておいて提示練習させたほうがよい。また、語順を固定することで、疑問詞を使った練習も文型のその場所に挿入するだけでよいので、助詞のない学習者に混乱を起こさせない。

日曜日には、たいてい　何を　しますか。

いつも　どこで　買い物を　しますか。など

今までの動詞を文型でまとめると以下のようになる。

	(place) に　　～が	あります／います	存在動詞
～は	(time) に	起きます／寝ます	自動詞
～は	(time) に (place) へ／に	行きます／来ます	往来動詞
～は	(time) に (place) で　　～を	食べます／見ます	他動詞

このように、動詞によってその動詞が必要とする補語があり、助詞が決まる。

助詞が母国語にない学習者は、自分自身の発話の中で、助詞の使い方がわからず、どの助詞を使うのか教師にたずねることがよくある。

「私は日曜日に喫茶店……『で』ですか、『へ』ですか『に』ですか。」

しかし、教師は学習者が言いたい動詞が分からないと答えることができない。動詞が「います」なら助詞「に」であるし、「コーヒーを飲みました」なら助詞「で」、「出かけました」や「行きました」なら助詞「へ」または「に」となるからである。

動詞を指導するときは、その動詞がとる助詞を付けて指導し、助詞は独立しているのではなく、文の後ろにある動詞により規定されるのだということを強調しておくとよい。

日本語母語話者の場合は、発話の際、助詞の前で区切らずに助詞のあとで区切る。「日曜日に喫茶店で……」となると聞き手は、何をしたのかなと予測することができるし、もし「日曜日に喫茶店へ……」なら行ったのかなと予測することができるのである。したがって話しながら話し手は動詞を考えながら助詞で区切っているのである。

動作動詞や往来動詞が導入されると、頻度を表す表現が続いて提出されることが多い。

よく　　　　　　よく　映画を見ますか。
あまり～ない　　いいえ、あまり、みません。
一週間に一度　　一週間に一度　手紙を書きます。
一日に５杯　　　よく　コーヒーを飲みますか。
　　　　　　　　ええ、一日に５杯ぐらい　飲みます。

「一度」や「５杯」などの日本語の助数詞は、数えるものによって異なり、数が多い。中には、助数詞の前にくる数によって発音に変化を伴うものもあり、複雑である。たとえば、上記の「杯」は「いっぱい」「にはい」「さんばい」となる。

したがって、助数詞は一度に提示しないで、必要なもの、規則的なものを少しずつ取り上げるようにしたほうがよい。助数詞に時間をかけると、学習者はあまりの数の多さに挫折感を感じる。

動詞「ます形」は現在形を習得すれば、過去形も比較的簡単であるが、前述したような主な助詞を文型で同時に提示し指導するなら、現在形と過去形は課を分けて指導したほうが学習者の負担が少なくてよいだろう。というのは、現在形「～ます」「～ません」は動作の習慣と未来についての表現で、「日曜日」「たいてい」「毎朝」「明日」などの時の表現や助数詞も学習することになり、学習者の語彙の負担も大きくなるからである。また、助詞も多く提出されるため、助詞の脱落を含めた誤用も起こしがちである。したがって、現在形でしっかり動詞の使い方を習得させたほうがよい。

10.4　形容詞

事物の静的な属性や話し手の感情や感覚を表す語を形容詞とする。

日本語の形容詞には、次の特徴がある。

1)　2種類ある

①　い形容詞……国文法でのいわゆる形容詞である。

日本語教育では、通常、「い形容詞」と呼ばれている。

「たかい」「おおきい」「さむい」「おもい」などで、発音すると

「-aイ」「-iイ」「-uイ」「-oイ」で終わる。

②　な形容詞……国文法でのいわゆる形容動詞である。

日本語教育では、意味、機能が同じであるので、形容詞に入れている。名詞を修飾するとき「い形容詞」と違い、名詞の前に「な」が必要なことから、通常「な形容詞」と呼ばれている。

例　きれい、げんき、しずか　など

「きれい」のように語末が「い」で終わる「な形容詞」は、「-eイ」となる。

例　ゆうめい　ていねい　など

2)　活用する

日本語の形容詞は、文末で活用する。このため、日本語教育では、名詞述

語文、動詞述語文の後に導入されることが多い。

次の表6は「い形容詞」と「な形容詞」の用法、活用、意味上の問題点を比較したものである。活用は丁寧形、例えば「高いです」のみをここでは扱う。「高い」などの普通形は、後の動詞、名詞の普通形のところで扱う。ここでは、あくまでも、初めて形容詞を学習する学習者対象に指導する際の留意点のみ述べている。

表6　「い形容詞」と「な形容詞」の比較

	い形容詞	な形容詞
用法	【修飾用法】 これは　赤い　りんご　です 【文末用法】 このりんごは赤いです	【修飾用法】 これは　きれい　な　花です ・名詞を修飾する場合「な」が必要。 【文末用法】 この花はきれいです
活用	【活用】(丁寧形) 赤いです 赤くありません（赤くないです） 赤かったです 赤くありませんでした ・例外　「いい」のみ いいです よくありません よかったです よくありませんでした ・否定形が「赤いくありません」にならないように、語末の「い」をとって、「くありません」をつける。	【活用】(丁寧形) きれいです きれいじゃありません きれいでした きれいじゃありませんでした ・活用の例外はない。 ・名詞述語文「Nです」と同じ活用をする。 ・「好き」「嫌い」「じょうず」「へた」は「な形容詞」で、「好き」などの対象は助詞「が」を取る。 「〜は〜が　文」で表される。 例　私はりんごがすきです。

<table>
<tr><td>意味</td><td>あついか水　→　湯
あつい　←→　さむい
あつい　←→　つめたい
あつい　←→　うすい
たかい　←→　ひくい
たかい　←→　やすい
いそがしい（い形容詞）　←←
太っている、やせている、年取っている</td><td>きれい　きれいな手 beautiful
clean
げんき（な形）←→びょうき（名詞）

→→　ひま（な形容詞）</td></tr>
<tr><td>接続</td><td>【形容詞に接続】
（い形＋い形）　やすい＋おいしい
やすくておいしい
（い形＋な形）　やすい＋べんり
やすくてべんり
【動詞に接続】
（い形＋動詞）　やすい＋なる
やすくなる</td><td>【形容詞に接続】
（な形＋な形）　しずか＋きれい
しずかできれい
（な形＋い形）　しずか＋いい
しずかでいい
【動詞に接続】
（な形＋動詞）　しずか＋なる
しずかになる</td></tr>
</table>

・「太っている」「やせている」「年取っている」などは、英語では形容詞だが、日本語では「〜ている」の形で使われる。

・「な形容詞」は、活用や接続法が名詞と同じであるため、形容詞的名詞（adjectival noun）とも呼ばれることもある。「な形容詞」と「名詞」の違いは、名詞を修飾する連体修飾の方法である。

　名詞が名詞を修飾する場合　　日本語　の　本

　「な形容詞」が名詞を修飾する場合　　きれい　な　本

・事物の性質、状態を尋ねる疑問詞は「どう」「どんな」である。

どんな本ですか　　　　おもしろい本です。
　　　　　　　　　　　便利な　本です。
この本はどうですか。　（その本は）おもしろいです。
　　　　　　　　　　　（その本は）便利です。

注意：何の本ですか。　日本語の本です。

・動詞（現在形、過去形）を学習し、形容詞を学習すると、外国人学習者の日本語の表現が広がる。「何をしたか」「どうだったか」が発表でき、相手に聞くこともできるようになる。

①日曜日に静かできれいなレストランで柔らくておいしいステーキを食べました。

②昨日、新宿のデパートへ行きました。
デパートはにぎやかでした。
赤いセーターと白いかばんを買いました。
でも、あまり安くありませんでした。

③（会話）
A：週末、どこかへ行きましたか。
B：ええ、～へ行きました。
A：～はどうでしたか。
B：（い形容詞）かったです／（な形容詞）でした。

指導する際に注意する事項

い形容詞の導入では、事物の客観的性質、状態を表す形容詞を扱う。なぜなら、感情を表す形容詞は、日本語では主語の制約を伴うからである。

例えば、「私はうれしいです。」と言えるが「リーさんはうれしいです。」とはいえないので、指導は後回しにしたほうがよい。

形容詞の指導の順位はいろいろな提示の場合がある。

①「い形容詞」と「な形容詞」の修飾用法、活用（現在、過去）を比較し

ながら同時に指導する方法、

②「い形容詞」「な形容詞」の修飾用法だけ名詞述語文で取り上げ、文末の活用は後の課で取り上げる方法、

③活用も現在と過去で課を分けて指導する場合など

「い形容詞」と「な形容詞」は語彙も多いので、基本的な用法の違いがわからないと、混乱し、用法や活用に誤用が生じやすい。学習者に負担をかけることなく体系的に2種類の形容詞の用法を定着させる工夫が求められる。

【指導例】

〈導入〉

⑴　名詞を修飾する修飾用法

「い形容詞」と「な形容詞」の導入をする。

視聴覚教材で形容詞の意味を指導してから、2種類の形容詞の用法の違いを理解させ、名詞文で使えるようにする。

い形容詞	赤い＋花	赤い花
	大きい＋花	大きい花
な形容詞	きれい＋花	きれいな花
	ゆうめい＋人	ゆうめいな人

スミスさんは　おもしろい人ですか。

新宿はにぎやかな町ですね。

⑵　文末の叙述用法

①い形容詞の活用（現在形）

その本はおもしろいですか。

いいえ、あまりおもしろくありません。

②な形容詞の活用（現在形）

あなたのへやはしずかですか。

いいえ、あまりしずかじゃありません。

③「い／な形容詞」の活用（過去形）

きのう、いそがしかったですか。

いいえ、いそがしくありませんでした。

先週、ひまでしたか。

いいえ、ひまじゃありませんでした。いそがしかったです。

(3)　形容詞への接続

い形容詞＋い形容詞／な形容詞　　やすくておいしい

な形容詞＋い形容詞／な形容詞　　しんせつでやさしい

(4)　疑問詞の質問

①どうですか／どうでしたか。

映画はどうでしたか。

おもしろかったです。

②どんなNですか／どんなNでしたか。

ニューヨークはどんな町ですか。

大きくてにぎやかな町です。

にぎやかでおもしろい町です。

きけんな町です。　など

〈応用会話練習〉

〈場面会話練習〉

例　(朝、駅で近所のサラリーマン同士の会話)

A：あたたかくなりましたね。

B：そうですね。

A：このごろどうですか。　いそがしいですか。

B：先月は忙しかったですが、今月はあまりいそがしくありませんね。
　　Aさんは？

A：私も今月はひまですよ。
　　どうですか。会社の近くに安くておいしい屋台があるんですが、
　　今晩行きませんか。

B：いいですね。

A：じゃ、会社の前で7時にどうですか。

B：7時ですね。いいですよ。

A：じゃ、今晩7時に。

このように、名詞述語文に動詞述語文、形容詞述語文が入ってくると、かなり自由に会話ができるようになる。

10.5　動詞「て形」

動詞の「て形」（て form）は、種々の後続表現に接続する基本活用で、日本語教育の初級前半で指導する重要な動詞の形の一つである。

テキストでは、「て形」に「ください」をつけて、「〜てください」の形で丁寧な依頼として提示されることが多い。

1）「て形」の作り方

「て形」の導き方として、辞書形からと「ます形」からがあるが、一般的な辞書形からの方法を取り上げる。動詞のグループでも「u verbs」（五段動詞）は「ます形」のように規則が一つではないので、成人の学習者にはルールをきちんと把握させることが重要である。

(1)　u verbs（五段動詞）

いわゆる音便を伴うもので、日本語母語話者には何の問題もなく「て形」を作ることができるが、どういうグループにわけられるかの意識がないことが多い。

このグループの動詞の「て形」は、辞書形の末字のひらがなで5グループに分類できる。

学習者は、動詞の辞書形から「u verbs」（五段動詞）であることが分かれば、辞書形の末字から容易に「て形」を導くことができる。下記ルールに適合しない例外の「u verbs」は、「行く」だけである。また「－ぬ」で終わる動詞は「死ぬ」だけである。もちろん、ルールがわかっても自然に辞書形から「て形」が出てくるまで、練習しなければならないことはいうまでもない。

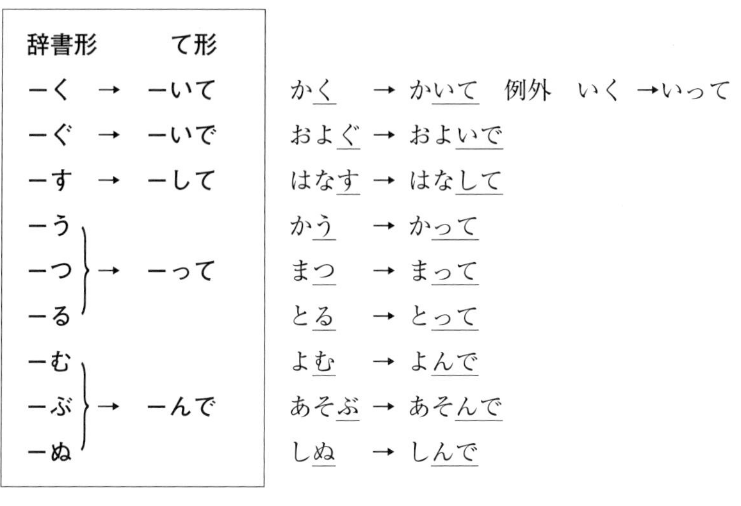

辞書形		て形
ーく	→	ーいて
ーぐ	→	ーいで
ーす	→	ーして
ーう ーつ ーる	→	ーって
ーむ ーぶ ーぬ	→	ーんで

かく　→ かいて　例外　いく →いって
およぐ → およいで
はなす → はなして
かう　→ かって
まつ　→ まって
とる　→ とって
よむ　→ よんで
あそぶ → あそんで
しぬ　→ しんで

(2)　る verbs（一段動詞）

このグループの「て形」の作り方はルールが一つである。辞書形の語尾の「る」をとって「て」をつけるだけである。

辞書形		て形
ーる	→	ーて

例　みる　→　みて
　　たべる　→　たべて

(3) irregular verbs（不規則動詞）

そのまま覚える。

辞書形		て形
くる	→	きて
する	→	して

2) 動詞の「て形」に接続する文型

日本語教育の初級で取り扱われる動詞「て形」に接続する文末表現は、次の表7の通りである。

表7　動詞「て形」に接続する文型　　書く　→て形　書いて

て形（Vて）＋ください	例　書いてください
います	書いています
もいいです	書いてもいいです
はいけません	書いてはいけません
みます	書いてみます
しまいます	書いてしまいます
おきます	書いておきます
いきます	書いていきます
きます	書いてきます
あります	書いてあります
あげます	書いてあげます
もらいます	書いてもらいます
くれます	書いてくれます
中止法　て形＋動詞	朝起きて運動します

動詞の「て形」は初級前半で一番誤用が起こったり、習得がうまくいかなかったりするが、初級後半の文末表現をみると、いかに「て形」の習得が重要であるかがわかる。

指導する際に注意する事項

動詞「て形」の指導では、形の指導の前に「て形」を学習する意味を理解させておく。なぜ、「て形」を学習しなければならないかである。

「ここへ来てください。」「名前を書いてください」「言ってください」など、手で動詞を誘導して動作をしてもらう。「ます形」ではない形に注意させ、「来て」「書いて」「言って」という「－て」のついた「て形」が、人になにか依頼するときに使う形であることをわからせる。つまり既習の「ます形」では依頼ができず、「て形」を使う必要があることが分かってからのほうが、「て形」学習の学習意欲が促進され、効果的である。

文型指導と言っても、形の指導の前に、どのような機能があり、何ができるようになるかを学習者が理解していることが重要である。

「て形」の作り方は、一般的には、まず、ルールを理解させてから練習する。形の定着のためには、絵カード、フラッシュカード、OHP（オーバーヘッド・プロジェクター）シートなどの視聴覚教材の使用が有効である。

「u verbs」はルールが一つではないので、前述した5つのグループをルール別に十分練習してから、グループを混ぜた練習をしないと学習者は混乱して、効果があがらない。

特に、動詞の辞書形の末字が「う」「つ」「る」のグループは「て形」には促音の小さい「つ」が入るので、拍（モーラ）にも気をつけさせたい。「とる」が「とて」ではなく、「とって」と3拍であることを強調して発音させる。

次の動詞「て形」は、拍数が違うと意味が違ってくる。

　　きる（切る）　→　きって　u verbs

きる（着る）	→	きて	る verbs
きく（聞く）	→	きいて	
くる（来る）	→	きて	

3）「て形」を使った文型指導

文型１

～てください

「Ｖて＋ください」の文型で丁寧な依頼を表す。

指導する際に注意する事項

【指導例】

〈導入〉「Ｖてください」の意味を場面で提示し、理解させる。

「韓国語の手紙です。わかりません。読んでください」

「暑いですね。すみませんが、窓を開けてください」など

〈基礎練習〉

① 動詞カードを使って「～てください」の形を定着させる。

少しずつ長い文を言わせる。（絵カード、文字カード を提示）

教師はキューを出す。

Ｔ：かす　……て形　　て form で……

Ｓ（全員）：かして。

Ｔ：ください

Ｓ（全員）：かしてください。

Ｔ：かさ……

Ｓ（全員）：かさをかしてください。

Ｔ：すみませんが、……

Ｓ（全員）：すみませんが、かさをかしてください。

② 学習者同士でその場でできる依頼をさせる。

「鉛筆をかしてください。」「あなたの家族の写真をみせてください。」

「そのカードをとってください。」など

〈会話練習〉

「ましょうか」の申し出と組み合わせると、自然な会話になる。

「暑いですね。」などの場面提示をするとよい。

A：暑いですね。

B：そうですねえ。

A：窓をあけましょうか。

B：ええ、開けてください。

依頼の表現は、ほかにより丁寧な「～ていただけませんか」「～てくださいますか」などがあり、日常生活の初対面ではよく使われるが、初級前半では、「て形」の導入に主力が置かれているので、一番簡単な依頼「～てください」ぐらいにとどめておいたほうがよい。より自然な会話にしたり、コミュニカティブにするためには、「～てください」の前に「すみません」「すみませんが……」を付けさせればよいだろう。

「Vてください」「Vて」などの指示を聞かせて、その動作をさせる指導法に TPR（Total Physical Response）がある。TPR は、話すことより、まず聞き取りを優先させており、指示を正しく聞き取らせて行動に結び付けさせるため、中国から帰国した人、インドネシア難民の人、技術研修生など、実生活に即仕事をしていかなければならない学習者には実利的な指導法である。

A さん、ハンマーをもってきてください。

B さん、ここに名前を書いて、A さんに渡してください。

A4 コピーを 3 枚とってきてください。など

文型 2

～ています

「Vています」は、次のように動詞により、動作・作用の進行・継続を表

す場合と動作・作用の結果の存続状態を表す場合がある。

(1)　**動作・作用の進行・継続を表す場合**

動詞は、動作作用の継続が可能な継続動詞

「読む」「食べる」「書く」など

例　今、電話をかけています。

あそこで、新聞を読んでいます。

(2)　**結果の存続状態を表す場合**

動詞は、動作・作用が継続しない瞬間動詞

「たつ」「座る」「死ぬ」「持つ」など

例　座っています。

結婚しています。

図書館の電話番号を知っています。

動作・作用の終了した結果の状態を表す。日本語の「死んでいます」は結果の状態である。

英語では、現在形を取る動詞が、日本語では「～ています」で表されるものがある。

例　I know him. 「私は、彼を知っています。」

She has a red car. 「あの人は、赤い車をもっています。」

I live in Shinjuku. 「私は、新宿に住んでいます。」

指導する際に注意する事項

【指導例】

〈導入〉

・動作・作用の初め、進行中、終了した結果を実際に示して、動作の進行中であることを理解させる。

(1)　動作の進行の場合

チョコレートを食べます　→　食べています　→　食べました

⑵　動作・作用の結果の状態

いすにすわります　→　すわりました。→　すわっています

・動作・作用の進行を表す「〜ています」と結果の状態を表す「〜ています」は、文型は同じでも意味が違うので、同時に指導しないで、少し時期をずらして指導したほうが学習者は混乱しない。

⑴　動作・作用の進行を表す「〜ています」

〈基礎練習〉

①　形の練習

1　（動詞絵カードを使用して、動詞の「て形」の確認をしながら、「Vています」を言わせる。）

T：食べる。〜ています

S：食べています。

T：飲む

S：飲んでいます。

2（1の練習に続けてスパゲッティなどのキューを与える。助詞を付けて「〜ています」を言わせる。）

T：食べる。

S：食べています。

T：スパゲッティ……

S：スパゲッティを食べています

T：レストラン……

S：レストランでスパゲッティを食べています。

②　質問応答練習

（教師と学習者、学習者どうしで、絵を見ながら）

T：この人は何をしていますか。

S：本を読んでいます。

T：どこで本を読んでいますか。

S：図書館で本を読んでいます。

〈応用会話練習〉

（パーティなどいろいろな人物が動作をしている絵を渡して、人を探させる。）

A：田中さんは……

B：窓のそばでビールを飲んでいます。

(2)　結果の状態を表す「～ています」

・結果の状態を表す動詞では、「立っています」「座っています」「持っています」「知っています」「着ています」「住んでいます」「勤めています」などで指導する。

・「住んでいます」「勤めています」は、簡単な自己紹介をするのに便利な文型である。いずれも「新宿に住んでいます。」「銀行に勤めています。」助詞が「に」であることに注意する。「新宿で住んでいます」の誤用をおこしやすい。

・「知っています」の否定は「知っていません」ではなく「知りません」なので、特に、練習が必要である。他の動詞の「Ｖていますか」の否定は「Ｖていません」だが、「知っています」は例外になる。

T：田中さんの電話番号を知っていますか。

S：いいえ、知りません。

・「電気がつく」や「窓が開く」のような自動詞で、他動詞「電気をつける」「窓を開ける」と自動詞と他動詞が対になっている自動詞の「～ています」はまだこの時期では、提出しないほうが、学習者に混乱を起こさせなくてよいだろう。

「開く」自動詞　　窓が開いています。（状態）

「開ける」他動詞　　窓を開けています。（動作の進行）

・「～ています」と既習の文型―名詞述語文「～はＮです」、動詞述語文「～

へVます」「～をVます」、形容詞述語文「～はAです」―などを使って、少し詳しい自己紹介ができるようになる。

自己紹介の例

ジェームス・ボンドです。イギリス人です。8月に日本に来ました。今、自動車会社に勤めています。仕事は忙しいですが、夜一週間に2回、新宿の学校で日本語を勉強しています。日本語はむずかしいですが、おもしろいです。趣味は釣りです。小田急線の下北沢にすんでいますから、時々週末に多摩川へ釣りにいきます。どうぞよろしく。

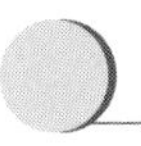

10.6　普通形－現在

日本語の文末表現の文末には、丁寧形で終わる丁寧体と普通形で終わる普通体がある。普通形の指導は、成人の学習者には、丁寧さの度合いが低いこと、形の作り方が丁寧形ほど規則的ではないなどの理由で、丁寧形のあとに行われる。文末表現には動詞述語文だけでなく、名詞述語文、形容詞述語文もあるため、普通形の指導では、現在形のみ扱い、過去形を後にするほうが学習者の負担が少ない。

1)　普通形（plain form）－現在（non-past）の作り方

	肯定形(辞書形)	否定形
動詞	-u	→ -a ない（例外ある→ない）
①　u verbs	いく	いかない
（五段動詞）	あう	あわない
②　る verbs	-る	→ ~~る~~ない
（一段動詞）	たべる	たべない
③　irregular verbs	くる	こない
（不規則動詞）	する	しない
形容詞		
い形容詞	-い	→ ~~い~~くない
	あつい	あつくない
		例外　いい→よくない
な形容詞	-だ	→ じゃない
	きれいだ	きれいじゃない
名詞	-だ	→ じゃない
	学生だ	学生じゃない

（普通形の過去形は次の項で扱う）

普通形の使われ方

(1)　文末で使われる場合

書き言葉では　　田中さんは明日京都へ行く。

話し言葉では　　ビールを飲む？

ううん、飲まない。

普通形の文末用法は、話し言葉では、ごく親しい間の会話に限定される。したがって、誤って使うとコミュニケーション上の摩擦を起こす可能性がある。そのため、初級前半段階の成人学習者の使用文末は、丁寧な「です・ます」体にする。

普通体の文末は、聞いてわかればよいという指導にこの段階では留めておいたほうが良い。早い時期の普通形の文末使用は、「です・ます」の定着を悪くし、「です・ます」体との混用をおこさせることがある。

⑵　文中で使われる場合

初級日本語では、次の表8に示すような文型に普通形は接続し、文中で使われる。

表8　普通形に接続する文型

文型	例
普通形　と　思います	例　あした　雨が降るとおもいます。
でしょう	リーさんは明日こないでしょう。
だろうと思います	明日も寒いだろうと思います。
んです	頭が痛いんです。
かもしれません	雪は降らないかもしれません。
はずです	もうくるはずです。
そうです（伝聞）	リーさんは弁護士だそうです。
普通形＋名詞（連体修飾）	これは昨日インターネットで買った本です。
その他 接続詞の前　例　から	休みだから遊びにいきます。

これらの用法は、もちろん普通形現在だけでなく、次の項で述べる普通形過去でも同様である。

初級段階の普通形は、まず、⑵のいろいろな表現文型に接続する形で導入、練習させる。普通形の導入文型として、「～と思います」が一般的であろう。

2)　普通形を使った文型

文型 1

～と思います

「普通形＋と　思います」で話し手の判断、推量を表す。学習者は、「～と思います」の文型習得によって、これまでの単なる事実の描写から、一歩進んだ判断や推量の表現ができるようになる。

スミスさんはパーティにきますか。ええ、くると思います。

明日も暑いと思います。

リーさんの奥さんはきれいだと思います。

あの人は学生だと思います。

指導する際に注意する事項

【指導例】

〈導入〉

「～と思います」が判断や推量表現で「です・ます」の言い切りの表現との違いを理解させる。

T：リーさんはクラスの後、すぐうちへ帰りますか。

リー：いいえ、帰りません。

T：（リーさんに）スミスさんはクラスの後、すぐうちへ帰りますか。

リー：わかりませんが、帰ります。

T：（リーさんの答えをすぐ言い換えて）帰ると思います。

わかりませんが、スミスさんはすぐうちへ帰ると思います。

自分のことなら、近い未来のことは言い切れるが、他人のことは「～と思います」と推量しなければ答えられない。その際「帰りますと思います」と」「帰る」の「ます形」は使えず、普通形「帰る」を使って、「帰ると思います」となる。

〈基礎練習〉

①形の練習

辞書形は、普通形現在肯定形である。普通形現在の否定形は、既習の辞書形から導く。動詞→形容詞→名詞の順で指導する。

普通形の作り方のルールの理解　→　形の定着練習

(1)　動詞　動詞はグループ毎に否定形の作り方を理解させ練習させる。

・「u verbs」（五段動詞）は、「書く」→「書かない」となり、否定形の作り方は辞書形の語末の「－ u」を「－ a」に変えて、否定の「ない」をつける。ローマ字を使いたくなければ、「ます形」の指導の時のようにひらがなの五十音表を利用すればよい。

「u verbs」の普通形現在否定形は、辞書形の動詞の語尾の「う行」を「あ行」に移し、「ない」を付けた形である。

「会う」「買う」のように語末が「－う」は、「あ行」の「う」でなく「わ行」の「う」である。 したがって「会う」→「会わない」である。

例外は、「ある」だけである。「ある」の否定は「ない」である。

例外も指導しておかないと、「ある」の否定をルール通りの「あらない」としてしまう。

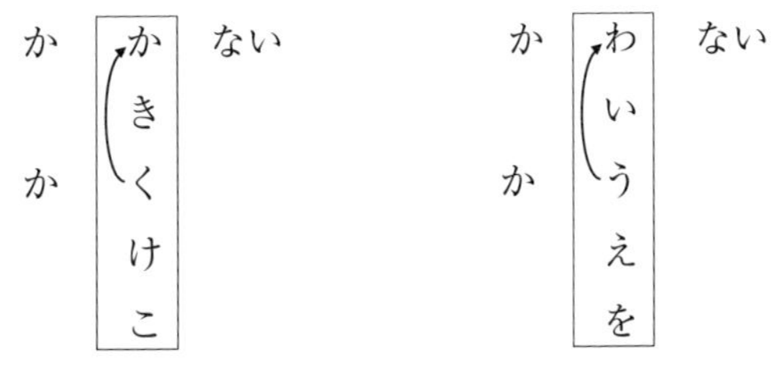

・「る verbs」（一段動詞）の現在否定形は、語末の「る」を「ない」に変えるだけなので簡単である。

・「irregular verbs」（不規則動詞）は、日本語では２つしかないので、前述の表のようにそのまま覚えさせる。

(2) い形容詞、な形容詞／名詞も普通形の作り方を理解させて、形の定着を図る練習をする。

な形容詞／名詞の普通形現在には「～だ」がつくので落とさないように注意させる。

②質問応答練習

「普通形＋と思います」を使って答えさせる。

Ａ：明日、雨が降りますか。

Ｂ：はい、明日、雨が降ると思います。

いいえ、明日、雨は降らないと思います。

・「いいえ」の場合、「いいえ、明日雨は降ると思いません」と答えないように指導する。「いいえ」で答えさせると普通形否定形の練習になる。

〈応用練習〉

推量ゲーム

例１

Ａ：Ｂさん、Ｃさんは今晩どこかに行きますか。

Ｂ：はい、行くと思います

Ａ：どこへ行くと思いますか。

Ｂ：友達の家へ行くと思います。

（ＢがＣに直接尋ねる。）

Ｂ：Ｃさん、今晩どこかへ行きますか。

Ｃ：いいえ、どこへも行きません。家にいます。

（Ｃは、自分のことなので「～ます」「～ません」で答える。）

例２　〈はっきりどこかわからない写真または絵を見せながら、質問する。〉

Ｔ：ここはどこでしょうか。

Ａ：スイスだと思います。

Ｂ：スイスじゃないと思います。オーストリアだと思います。

C：私はオーストリアじゃないと思います。そこはオーストラリアだと思います。

全員：そこはどこですか。

T：スイスです。

ゲームをしながら「Nだと思います」「Nじゃないと思います」の定着を図る。

学習者に写真や絵を持ってこさせてお互いに質問させれば、より効果的な練習になる。はっきり断定できない絵などの視聴覚教材は、学習者の自由な発想を誘発させるので、「普通形（動詞／形容詞／名詞）と思います」がどんどん使えるようになる。

・「思います」には助詞「と」が付くが、疑問詞「どう」の場合は、「どうと思いますか」ではなく、助詞が省略され「どう思いますか」になることにも注意する。

「このかばん、どう思いますか」「少し高いと思います」などの質問応答を学習者同士で行わせるとよい。

文型2

～でしょう

「普通形＋でしょう」で推量を表す。

例　今晩雨が降るでしょう。

あしたは暑くないでしょう。

金さんのお母さんは元気でしょう。

あれは、リーさんの傘でしょう。

・「でしょう」は普通形に接続するが、「な形容詞／名詞」の普通形の現在の肯定形は、例外で「だ」が省かれる。「元気だでしょう」「傘だでしょう」にはならない。

・「でしょう」の練習は、「でしょうか」の疑問の形で使わせると自然な会話になる。

A：田中さんはパーティにくるでしょうか。

B：来ると思いますよ。田中さんはにぎやかなことが好きですから。

10.7　普通形ー過去

1)　普通形－過去形の作り方

(1)　動詞の普通形過去「た形」は、表9に示すように既習の「て形」から導くことができる。

辞書形		て形		た形（過去形）
書く	→	書いて	→	書いた
飲む	→	飲んで	→	飲んだ

表9　普通形—過去形の作り方

	現在形			過去形
動詞	辞書形	→て形	→	過去形
		-te	→	-ta
	かく	かいて		かいた
	否定形	**い**	→	**かった**
	かかない			かかなかった
い形容詞		**い**	→	**かった**
	あつい			あつかった
	あつくない			あつくなかった
		だ	→	**だった**
な形容詞	きれいだ			きれいだった
名詞	学生だ			学生だった
	否定形	**い**	→	**かった**
	きれいじゃない			きれいじゃなかった
	学生じゃない			学生じゃなかった

「る verbs」（一段動詞）は、辞書形からも直接過去形の「た形」を導くことができるが、「て形」から導けるというのは、動詞のグループに関係なく共通のルールである。なるべく、共通のルールで指導したほうが、学習者の負担が少ないし、記憶にも残りやすい。

(2)　い形容詞、な形容詞、名詞の文末の普通形過去も表9のように規則的であり、例外がない。

指導する際に注意する事項

【指導例】

〈基礎練習〉

・形の作り方と定着を図る練習

絵カードやフラッシュカードによる定着練習は、普通形現在と同じである。

〈会話練習〉

・動詞の普通形過去も「〜と思います」の文型を使って、会話の中で練習する。

（学習者Aさんの週末の行動をいろいろ推量させる）

T：Aさんは週末なにをしたでしょうか。

B：デパートで買い物をしたと思います。

C：夜、テレビを見たと思います。

D：週末、雨が降りましたから、Aさんはどこへも出かけなかったと思います。

（Aさん本人に直接聞いてみる）

T：Aさん、週末何をしましたか。

A：一日中家にいました。夜少し、テレビで映画を見ました。

・「い形容詞」や「な形容詞」「名詞」の普通形過去も「〜と思います」「〜でしょう」などの文型で会話練習するとよい。

どんな番組だったと思いますか。面白かったと思いますか。など

10.8　名詞修飾節

日本語の名詞修飾は、常に修飾する語、句、節が修飾される名詞の前にくるのが特徴である。英語のように関係詞で名詞の後ろから修飾されることはない。日本語はどんなに長い文が修飾する場合でも、修飾する名詞の前に置かれる。Nは名詞

			例			
①連体詞（prenoun）		N	例	この		本
②名詞	の	N		スミスさん	の	本
③い形容詞		N		おもしろい		本
④な形容詞	な	N		きれい	な	本
⑤節（節末は普通形）		N		田中さんが駅で買った		本

注：⑤の修飾節の中の主語は「が」または「の」で、「は」にはならない。

これは　　　　　　　　　　　本です。

　　　田中さんは　駅で買いました。

これは　田中さんが／の駅で買った　本です。

・名詞の前の修飾節末は、普通形である。

普通形（plain form）＋N

動詞の場合　　読む　　　本

　　　　　　　読まない　本

　　　　　　　読んだ　　本

　　　　　　　読まなかった本

　　　　　　　読んでいる本

指導する際に注意する事項

名詞修飾は、修飾節が名詞の後にくる言語を母語とする学習者には語順が異なるので、習得がむずかしい。逆に修飾する語句、文が常に名詞のまえに

くる日本語母語話者にとって、英語などの関係詞の習得はむずかしい。

修飾節などが名詞の後にくる母語の学習者に対する日本語の名詞修飾の導入や練習は、語順が異なることから、次のようなやさしい文型にし、まず、修飾節が名詞に先立つことに慣れさせ、かつ、普通形が定着するようにするとよい。

① 名詞述語文の名詞を修飾する

これ／それ／あれは　Nです。

例　これは日光で撮った写真です。

② 形容詞述語文

Nは　形容詞　です。

昨日コーヒーを飲みました。

そのコーヒーはおいしかったです。

例　昨日飲んだコーヒーはおいしかったです。

【指導例】

〈導入〉

（修飾節の動詞を固定し、修飾される名詞を変える。修飾される名詞は身近な、教師や学習者の持ち物などにする。）

T：これは雑誌です。今朝、駅で買いました。これは、今朝、駅で買った雑誌です。Aさん、いい鞄ですね。どこで買いましたか。

A：新宿のデパートで買いました。

T：（鞄を指しながら）それは新宿のデパートで……

A：これは新宿のデパートで買った鞄です。

T：いつ買いましたか。

A：去年買いました。

T：それは……

A：これは去年新宿のデパートで買った鞄です。

・各自学習者が自分の持ち物で「これは～買ったNです」と言ってみる。

・学習者に写真を持ってこさせて「これは～で撮った写真です」といわせて、写真の説明をさせる。これは「撮った写真」が固定しているので、「いつ」「どこで」誰と」などを入れさせると、名詞修飾の構文が異なる学習者にも、入りやすい。

〈基礎練習〉

①－１　動詞のテンスは過去でいろいろな動詞を使用させる。実物や絵カードを見せながら、修飾節と被修飾名詞を言わせる。修飾節の動詞はます形でキューを出す。

新聞、昨日読みました　→　昨日読んだ新聞

手紙、昨日の夜書きました→　昨日の夜書いた手紙

①－２　修飾部分の節をだんだん長くしていく。主語も追加していく。

映画、先週友達と見ました→　先週友達と見た映画

ステーキ、先生は昨日レストランで食べました。

→先生が昨日レストランで食べたステーキ

②　前述の名詞述語文や形容詞述語文の名詞に修飾節をくわえる。

名詞述語文　これは手紙です。昨日の夜書きました。

これは、昨日の夜書いた手紙です。

形容詞述語文　先週友達と映画を見ました。映画は　とても面白かったです。

先週友達と見た映画は　とても面白かったです。

③　修飾節内の動詞のテンスを変えて練習し、文を作らせる

本、今読んでいます　→　今読んでいる本

今読んでいる本はおもしろいですよ。

バス　渋谷へ行きます　→　渋谷へ行くバス

渋谷へ行くバスはどれですか。

・中国語を母語とする学習者は、母語の影響で修飾語句と被修飾語との間に助詞「の」が入りやすいので、注意して指導する必要がある。

例　（中国語母語話者の誤用）先週友達と見た　の　映画

・名詞修飾の構文は理解できても、なかなか使いこなせない。また、使わなくても意味が通じるため話し言葉では、使用しないですませてしまう。「先週、友達と映画を見ました。映画はおもしろかったです。」のように、いつまでも単文の羅列になりがちである。単文から従属節を含む複文へと学習者の発話文のレベルを上げていくには、教師が意識して使い、初級後半の文型練習の中にも、名詞修飾を含むドリルをいれるようにするなど、くりかえし練習が必要である。

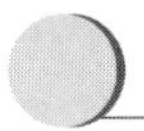

10.9　比較の表現

日本語の形容詞には、英語のように比較を表す比較級や最上級はない。比較は、次の例のような比較を表す語彙または構文による。

例　6月は暑いです。でも7月はもっと暑いです。

　　7月は6月より暑いです。

　　8月は一年中で一番暑いです。

比較を表す構文として、二つの比較、三つ以上の比較、あるグループの中から最上を選ぶ文型をとりあげる。

1)　二つの比較

文型

> A：XとYとどちら（のほう）が　～ですか。
> B：X（のほう）が　～です。
> 　　どちらも～です。または　両方～です。

例　A：りんごとみかんとどちら（のほう）が好きですか。

　　B：りんご（のほう）が好きです。

・文型の「～」の部分は、初級では一般的に形容詞で練習する。

・ＸやＹの事物は、実物や絵カードや写真などで、具体的に提示したほうが文型の定着が良い。比較の「どちら」は口語的に「どっち」を使ってもよい。

・比較の答えが断定できないときは、既習の文型「〜と思います」を使わせると、成人の学習者には答えやすい。

Ａ：Ｘのドレスと Ｙのドレスとどちらのほうがいいですか。

Ｂ：Ｙのドレスのほうがいいと思います。

2)　三つ以上の比較

三つ以上の比較で最上を表すには、「一番」の語彙を使う。二つの比較では、一つを選ぶ疑問詞は「どちら」一つでであったが、三つ以上の比較では、比較するものにより疑問詞が異なる。

文型１

比較するものを列挙して、その中から最上を選ぶ場合

疑問詞　比較するもの	①	事物の場合	「どれ」
	②	人物の場合	「だれ」
	③	時の場合	「いつ」
	④	場所の場合	「どこ」

Ａ：ＸとＹとＺと（では）	どれ	が	一番	〜ですか。	（事物）
	だれ				（人物）
	いつ				（時）
	どこ				（場所）
Ｂ：	Ｘ	が	一番	〜です。	

例①　地下鉄と電車とバスとどれが一番便利ですか。

地下鉄が一番便利です。

②　田中さんと山田さん鈴木さんとでは、だれが一番ゴルフが上手ですか。

鈴木さんが一番上手です。

③　午前と午後と夜とではいつが一番混んでいませんか。
　　午前が一番混んでいません。

④　東京とニューヨークとロンドンとどこが一番安全ですか。
　　東京が一番安全だと思います。

文型2

あるグループの中から最上を選ぶ場合

事物のグループの中から最上を選ぶ場合は、一つずつ列挙する文型1と違って、疑問詞は「どれ」ではなく、「なに」になる。

A：X（の中）で	なに	が	一番	～ですか。	（事物）
	だれ				（人物）
	いつ				（時）
	どこ				（場所）
B：	Y	が	一番	～です。	

例　日本料理の中で　なに　が一番好きですか。
　　天ぷら　が一番好きです。

指導する際に注意する事項

基礎的な練習がすんだら、文型2のグループ名Xに修飾節をつけて練習してみると、名詞修飾の復習になる。

例　①　今まで見た映画の中で何が一番おもしろかったですか。
　　「スーパーマン」が一番おもしろかったです。

②　今まで行った国でどこが一番よかったですか。
　　イギリスが一番よかったです。

比較の概念は理解させやすい。学習者の国と日本または学習者の国同士を比較させるなどして、学習者同士で練習をさせるとお互いの理解につながる意味のある活発な教室活動になる。

10.10　様態の「そうです」

様態の「そうです」は、外見から話し手がそう感じる、主観的、直感的なその場の状況的印象を表す。

文型

い形容詞	このケーキは　おいしそうです。 おいしくなさそうです。
な形容詞	その子供は　元気そうです。 元気じゃなさそうです。
動詞	雨が　降りそうです。 降らなさそうです。または、降りそうにありません。 降りそうもありません。 降りそうにもありません

・動詞の場合は、「今にも～しそう」の意味を表す。話し手がその場の状況を、そのようになる直前の事態だと捉えている。

・否定は「降らなさそうです」だが、そのような見込みがないというときには「降りそうに〈も〉ありません」を用いる。

様態の「そうです」の接続の仕方

①　い形容詞

肯定形　おいしい　→　おいしそうです。

「おいしい」の語尾「～い」を削除して「そうです」をつける

否定形　おいしくない　→　おいしくなさそうです。

否定「～ない」を削除して、「～なさそうです」をつける。

②　な形容詞

肯定形　元気だ　→　元気そうです。

な形容詞は「だ」をとり、そのまま「そうです」をつける。

否定形　元気じゃない　→　元気じゃなさそうです。

「～ない」は「～なさそうです」

③　動詞

肯定形　降る　→　降ります　→　降りそうです

「ます形」の語幹に「そうです」を接続させる。

注意：辞書形の「降る」に「そうです」を接続させると「降るそうです」となり、伝聞の意味になるので、指導の際注意。

否定形　降らない　→　降らなさそうです

「～ない」は「～なさそうです」

否定形はその他に、動詞の語幹に「～そうにありません／～そうもありません／～そうにもありません」を付ける場合がある。

降らない　→降りません　→降りそうに（も）ありません

・様態の「そうです」の名詞や動詞の修飾法は、「な形容詞」と同じである。

名詞の修飾（連体修飾）

おいしそう＋ケーキ　→　おいしそうな　ケーキ

元気そう＋子供　→　元気そうな　子供

動詞の修飾（連用修飾）

おいしそう＋食べる　→　おいしそうに　食べる

指導する際に注意する事項

様態の「～そうです」の文型は、事実の「おいしいです」と様態を表す「おいしそうです」の違いがはっきり出るような設定で導入するとわかりやすい。

【指導例】

①「形容詞」＋「そうです」

〈導入〉

（いかにもおいしそうな真っ赤に熟したリンゴを見せ、よく眺めたり、においをかいだりして）

Ｔ：このリンゴはおいしそうです。

（一口食べてみて）

Ｔ：このリンゴはおいしいです。

・い形容詞の様態の「そうです」は、い形容詞の語尾の「い」が有るか無いかで、様態か伝聞か、意味が違ってくるので発音には注意させる。

この店のステーキは　おいしそうです。（様態）

この店のステーキは　おいしいそうです。〈伝聞〉

・「きれい」「かわいい」のように、すでにその語が、視覚的外観の意味を持つ形容詞には、通常使えない。

？この花はきれいそうです。

？この女の子はかわいそうです。

②「動詞」＋「そうです」

動詞の様態も、実物や絵で視覚からそのようになる直前であることを提示して導入する。

〈導入〉

1．（マッチに火をつけて、消えそうになったら）

Ｔ：火が消えます。火が消えそうです。あっ、火が消えました。

2．（風船をふくらませる。どんどんふくらませながら）

Ｔ：風船はどうなりますか。割れますか。割れませんか。

Ｓ：割れると思います。

（もっと、ふくらませる）

Ｔ：風船が割れそうです。

（風船をもっとふくらませて）

T：風船が割れそうですか。

S：ええ、割れそうです。

T：割れそうですね。あっ、割れました。

・動詞の様態の「そうです」は、動詞の語幹、いわゆる「ます形」の「ます」を取った部分に後続する。同じ「そうです」でも、伝聞を表す「そうです」は、動詞の普通形に後続するので、「そうです」の前の形が動詞の語幹になるように注意して指導する。

雨が降ります。

雨が降りそうです。　（様態、そのような状態になる直前の事態）

雨が降るそうです。　（伝聞、人から聞いたりして知った事態）

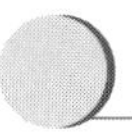

10.11　伝聞の「そうです」

伝聞の「そうです」は、話し手がある事柄を他から聞いて、あるいは読んで知ったという意味を表す。

文型

動詞／い形容詞／な形容詞／名詞		
普通形（plain form）	+	そうです

①	動詞	田中さんは結婚する	そうです。
		結婚しない	そうです。
		結婚した	そうです。
		結婚しなかった	そうです。
		結婚している	そうです。
②	い形容詞	あの店のケーキはおいしい	そうです。
		おいしくない	そうです。
		おいしかった	そうです。

おいしくなかったそうです。

③　な形容詞　あのレストランは静かだ　そうです。
静かじゃない　そうです。
静かだった　そうです。
静かじゃなかったそうです。

④　名詞　テストは月曜日だ　そうです。
月曜日じゃない　そうです。
月曜日だった　そうです。
月曜日じゃなかった　そうです。

指導する際に注意する事項

・伝聞の「そうです」は、上記のように、各品詞の普通形に後続する。普通形は、通常この時点では既習であるが、文型練習の前に簡単に復習しておくほうが練習がスムーズに運ぶ。

・情報源を明示する場合は、「〜さんの話では、……そうです。」「テレビのニュースによると、……そうです。」などをつける。

・伝聞の「そうです」と様態の「そうです」は、表す意味は違うが文末の形が同じ「そうです」なので、混同しがちである。その為、通常、同じ課では扱わない。

【指導例】

〈応用練習〉

直接情報を得るときは、文末は丁寧な「です／ます」であるが、その情報を他の人に伝えるときは、普通形に直して、「そうです」を付けて伝える。

二人一組になり、お互いに相手の先週の週末の出来事や今晩の予定などを聞き合う。相手から聞き出したことを他の学習者に伝える。

①　あらかじめ、質問事項文を書き出させる。

②　答えをメモさせる。

③　聞いた内容を「そうです」を使って伝える。

A：週末どこかへ行きましたか。

B：ええ、江の島へ泳ぎに行きました。

A：そうですか。江の島はどうでしたか。

B：人がたくさんいました。海はあまりきれいじゃありませんでしたが、おもしろかったですよ。

A：そうですか。それはよかったですね。

（他の学生に）

A：Bさんは、週末江の島へ泳ぎに行ったそうです。江の島は人がたくさんいたそうです。海はきれいじゃなかったそうですが、おもしろかったそうです。

10.12　願望・希望表現

日本語の願望、希望表現は、話し手（私）の願望か、第三者の願望かで言い切りの表現が異なる。すなわち、願望というのは、本人しかわからないから、話し手しか自分の願望はこうだと言い切れないのである。

話し手の願望については10.12.1で、第三者の願望については10.12.2で述べる。

10.12.1　話し手の願望

話し手の願望の対象が事物の場合「ほしい」を、動作の場合「～Vたい」の文型をとる。

1)　願望の対象が事物の場合

文型1

（私は）	Nが	ほしいです。
		ほしくありません。（ほしくないです。）
		ほしかったです。
		ほしくありませんでした。

例　（私は）車が　ほしいです。

・話し手の願望の「ほしい」の対象は、助詞「が」を取る。

・「ほしい」は動詞ではなく、い形容詞タイプの活用をする。
したがって、「ほしいです」の否定は、上記の表のように「ほしくありません」または、「ほしくないです」になる。

2)　願望が動作の場合

文型2

（私は）	Nが／を	Vたいです。
		Vたくありません。（Vたくないです。）
		Vたかったです。
		Vたくありませんでした。

例　（私は）少し、休みたいです。
　　（私は）冷たい水が　飲みたいです。

・「Vたい」のVは「ます形」の語幹である。「飲む」の「ます形」は「飲みます」で「飲みたい」となる。「ほしい」と同様に、い形容詞タイプの活用をする。

・「Vたい」の動詞Vが、他動詞の場合、通常、直接目的語の後の助詞「を」は「が」になる。

　　映画を　見る　→　映画が　見たい

・例外として、「〜に〜を文」や動作が二つ重なるときなどは助詞「を」のままになる。

母に　この手紙を　見せる。→　母に　この手紙を　見せたい。

映画を　見に行く。　　　　→　映画を　見に行きたい。

・直接目的語の前に修飾句がある場合や、直接目的語と動詞の間に長い挿入句が入る場合は助詞「を」のままであることが多い。

水を　出かける前に　飲む。→水を　出かける前に　飲みたい。

・自動詞の出発点を表す「を」はそのままである。

家を　出る。→　家を　出たい。

指導する際に注意する事項

・日本語では、成人の話者は、自分の願望をはっきり言いきりの形で表現せずに婉曲に述べる傾向がある。通常、柔らかく「～ほしいんですが……」、「Ｖたいんですが…」の表現をとったりする。

・聞き手の願望を直接聞くこともあまりしない。特に、目上の人には使わない。

？先生、コーヒーが飲みたいですか。→先生、コーヒーはいかがですか。

・「Ｖたいですか」には、また英語のような誘いの用法はない。

？私と一緒に行きたいですか。→　一緒に行きませんか。

・願望表現は、学習者にとって早く習得したい表現の一つであり、形も動詞の「ます形」が分かれば使うことができるので、初級のかなり早い時期に指導したくなる。

しかし、上記のように主語の制約、助詞の変換、用法の限定を伴うので、少し遅らせて指導するか、目上には使えないなどの用法の限定に注意して指導することが肝要である。

10.12.2　第三者の願望

第三者の願望は、本人ではないので、「ほしい」「Ｖたい」の言い切りの形はとれない。第三者の願望は「ほしがっている」「Ｖたがっている」のような文型で表現する。

1)　願望の対象が事物の場合

文型１

～さんは　Ｎを　ほしがっています。

例　田中さんは　車を　ほしがっています。

2)　願望が動作の場合

文型２

～さんは　Ｎを　Ｖたがっています。

例　田中さんは　車を　買いたがっています。

・第三者の願望表現の「ほしがっている」「Ｖたがっている」は動詞の活用をする。

～さんは　　Ｎを　ほしがっている
ほしがっていない
ほしがっていた
ほしがっていなかった

・話し手の願望表現の「ほしい」「Ｖたい」と違い、第三者の願望を表す「ほしがっている」「Ｖたがっている」の対象の助詞は「を」である。

・話し手の願望の「ほしい」「Ｖたい」も下記のように言い切りにしなければ、主語に三人称がとれる。

～さんは　Ｎが　ほしい／Ｖたい
｛といっている。
らしい。
だろうと思います。
んです。

または、様態にしてもよい。

～さんは　Nが ｛ほしそうです。
　　　　　　　　 Vたそうです。

10.13　可能表現

可能には、①具体的な文の中で能力や性能、②ある条件、事情の下での動作の実現、③許可などの意味がある。

可能を表すためには動詞の辞書形に「ことができる」を接続する方法と動詞の可能形を用いる方法がある。

1)　動作性動詞＋ことができる

例　手で　あける　ことができます。

動詞の辞書形に「ことができる」を接続するので、一番簡単な可能表現である。

2)　動詞の可能形を用いる

動詞の可能形の作り方は表10に示す。

表10　可能形の作り方

u verbs （五段動詞）	-u　→　eる 話す　→　話せる
る verbs （一段動詞）	る　→　られる 食べる　→　食べられる
irregular verbs （不規則動詞）	来る　→　来られる／来れる する　→　できる

文型

～は　～が　動詞（可能形）

例　田中さんは　中国語が　話せます。

・「る verbs」の「食べる」「寝る」などの可能動詞は、本来、「食べられる」「寝られる」であるが、最近の傾向として、「食べれる」「寝れる」のように「u verbs」と同じ活用の言い方も用いられている。

・可能動詞は「る verbs」（一段動詞）になり、「る verbs」の活用をする。

普通形：話せる　話せない　話せた　話せなかった

丁寧形：話せます　話せません　話せました　話せませんでした

可能文

・動詞が他動詞の場合、通常、元の動詞の対象を示す助詞「を」は、助詞「が」になる。

スミスさんは、納豆を　食べます。

スミスさんは　納豆が　食べられます。

・その他の格助詞「に」「へ」「で」などは、可能文でも変わらない。

明日　田中さんに　会います。

明日　田中さんに　会えます。

3)　**自動詞「見える」「聞こえる」などを用いる。**

窓から富士山が　見えます。

隣の部屋から　テレビの音が　聞こえます。

指導する際に注意する事項

一般に使用する可能表現は、動詞の可能形を使う2)の場合が多い。

【指導例】

〈導入〉

・日本語を指導する際、学習者の母語が様々である場合、直接法といって、日本語で日本語を指導する。初級では、理解できる日本語が少ないため、実物や絵カード、動作などを使用して、文法用語を使用せずに指導する。可能表現を指導する場合、泳いでいる絵を見せても、その絵からは「泳いでいます」で「泳げます」の可能を理解させることはむずかしい。
直接法で指導する場合、可能表現では、2枚の絵を提示するとよい。Aは「泳いでいる人」の絵で、Bは「泳げずにおぼれている人」の絵である。絵Bを提示して「この人は泳げません」、絵Aを提示して「この人は泳げます。」というように、動作ではない状態を表す可能表現は、反対の否定表現と対比することにより理解させることができる。

（泳げないでおぼれている人の絵をみせて、人を指さし）

T：この人は泳げません。

（泳いでいる人の絵をみせて、同様に）

この人は泳げます。

・日本語の可能表現の使用に関する注意
日本人は、実際の生活では、自分の能力に関しては「できる」より「できない」を使って、謙遜することが多い。

英語はあまり、話せません。

よくできませんでした。など

「できる」場合も「～なら　出来ます」のように条件付きで「できる」という傾向がある。

10メートルぐらいなら泳げます。

日常会話程度なら話せます。

・相手の能力に関する質問では、特に目上の人には、直接的な可能表現を避ける傾向がある。「ゴルフができますか。」「原書が読めますか。」など相手の人の能力について直接に聞くのは失礼にあたる。

A：スポーツはお好きですか。ゴルフなどはいかがでしょうか

B：ゴルフは長くやっていますが、スコアはあまり伸びませんねえ。

など

婉曲に質問するとよい。

・3)の自動詞の「見える」「聞こえる」は、自発性の意味を持つ自動詞なので、可能動詞「見られる」「聞ける」の指導とわけるが、違いを提示して指導するとよい。

自発　　窓からスカイツリーが　見えます。

可能　　あの映画館では、昔の映画が　見られます。

10.14　仮定・条件の表現

仮定・条件の表現には、「〜ば」「〜たら」「と」「なら」がある。それぞれの用法が類似しており、お互いに用法の重複がみられるので、違いの指導は初級ではむずかしい。また、各仮定、条件の表現に表現の前の前件（従属節）、表現の後の後件（主節）に時制の制約があったりするため、理解できたとしても産出面では学習者の誤用が出現したりする。初級で仮定・条件表現を指導する場合、どの表現のどの用法を提示するかはテキストの作成者の考えによる。

提出順位と文例

初級での仮定・条件表現の提出順位や提出の仕方は、一様ではない。

一般成人対象のテキスト『An Introduction to Modern Japanese』（水谷信子著）では、提出順位と文例は次のようになっている。機能面の配慮がされている。

〜ば　（14課）　図書館へきて、読めばいいんだから。

「〜ばいい」の形で助言の一表現として提出している。

なら　（17課）　明日なら出来ますが、今日は出来ません。

と　　（18課）　倒れると自然に消えるそうです。

～たら（22課）　留守だったら　家の人に渡してくれればいいですよ。

技術研修生対象のテキスト『新日本語の基礎Ⅰ、Ⅱ』（スリーエーネットワーク）では、次のように「と」「～たら」「～ば」「なら」の順で課を分けて提出されている。「～ば」と「なら」は同じ課で提示されている。

と　　（23課）　このボタンを押すと、機械が動きます。

～たら（25課）　雨が降ったら、行きません。

～ば　（35課）　この説明書を読めば、使い方がわかります。

なら　（35課）　東京電機のワープロなら、買います。

その姉妹版で、多様な学習者に対応できるように改定され、現在最も一般的に使用されている『みんなの日本語Ⅰ、Ⅱ第2版』（スリーエーネットワーク）においても、提出順序、提出課は踏襲されているが、例文がより一般学習者向けになっている。

と　　（23課）　このボタンを押すと、お釣りが出ます。

～たら（25課）　雨が降ったら、出かけません。

～ば　（35課）　春になれば、桜が咲きます。

なら　（35課）　北海道旅行なら、6月がいいです。

しかし、国際交流基金の『日本語初歩』では、「と」だけが少し早く提示されているが、「～ば」「なら」「～たら」は、同じ課で同時に提出されている。

と　　（26課）　二つ目のかどを右にまがると、小さい橋があります。

～ば　（32課）　お金があれば、けしきのいい海岸に行きたいです。
　　　　　　　　あまり高ければ、わたしは行くのをやめます。

なら　（32課）　ジョンさんが行くなら、私もいっしょに行きたいです。
　　　　　　　　小さい旅館なら、安くとまれます。
　　　　　　　　　「動詞＋なら」も提出されている。

～たら（32課）　夏休みになったら、みんなで海へ行きましょうよ。
　　　　　　　　もし、雨が降ったら、どうしますか。

テキストにより、このように仮定・条件表現の提示順位とそれぞれの用法のどれを提出するかは異なる。日本語母語話者であれば、同時にすべての表現を提示してもよいが、日本語を母語としない学習者には、機能、形態の作り方などを考慮して、指導順位を考えるほうが、学習者の負担が少なくなり、また、誤用なく使用できるようになる。

その他のテキストを使用する場合は、仮定・条件の文型がどのような配列で提出されているか調べてみるとよいだろう。

次に「～ば」、「と」、「たら」の順で用法、指導の際の留意点について述べる。

10.14.1 「～ば」

仮定形「ば形」の作り方は表11に示す。

表11　仮定形「ば形」の作り方

動詞	**－u→－eば** 書く　書けば　書かない　→　書かなければ 寝る　寝れば する　すれば くる　くれば
い形容詞	**い　→　ければ** 高い　→高ければ　高くない　→　高くなければ いい　→　よければ
な形容詞／名詞	**→　なら** 元気　→　元気なら　元気じゃない→　元気じゃなければ 学生　→　学生なら　学生じゃない→　学生じゃなければ

用法

前件（「〜ば」の前の部分、従属節）と後件（「〜ば」の後ろの部分、主節）のつながりは次のようになる。

① 一般的、反復的な場合　　冬になれば、雪が降ります。
　「と」の用法と重複する　　冬になると、雪が降ります。
② 個別的、一回的な場合　　寒ければ、窓を閉めてください。
　「たら」の用法と重複　　寒かったら、窓を閉めてください。

・「〜ば」は「〜たら」と違って、後件の述語が過去のテンスになることがない。

？昨日、郵便局へ行けば、先生に会った。
　昨日、郵便局へ行ったら、先生に会った。

（ただし、「〜ば」の用法で、非現実の仮定や過去の習慣を表すときは、条件に過去が来るが、いろいろな用法を一度に提示すると学習者が混乱するため初級の段階では取り上げないほうが良いだろう。）

・前件、後件の主語が同じで、前件が動作動詞のとき、後件に意志、命令、依頼表現はこない。

？京都へ行けば、古いお寺を見よう。
　京都へ行ったら、古いお寺を見よう。

上記の条件がなければ、後件に意志、命令、依頼表現がくる。

安ければ、買おう。

指導する際に注意する事項

【指導例】

〈導入〉仮定であることがわかる設定で導入

T：明日、ハイキングに行きたいです。でも明日雨が降ります。行きません。

（仮定文に言い換えて）（もし）明日雨が降れば、行きません。

明日雨が降りません。 明日雨が降らなければ、行きます。

・「〜ば」を使った表現

「〜ばいい」：自分の行為に対する助言、忠告を求める表現

身近な例を出して表現を理解させる。

T：道がわかりません。どうしますか。どうすればいいですか。

S：人に聞きます。

（「〜ばいい」の表現を使ってSの文を言い換える。）

T：そうですね。人に聞けばいいですね。

S：はい、人に聞けばいいです。

・「名詞＋なら」は可能表現の条件として使える。

テニスなら出来ますが、ゴルフはできません。

３万円なら払えますが、５万円はちょっと……。

10.14.2 「と」

用法

前件（「と」の前の部分、従属節）と後件（「と」の後の部分、主節）のつながりは、一般的、反復的である。発見、自然的帰結、自然現象など前件と後件の結びつきの強い論理的な文になる。

春になると　桜の花が咲きます。

・「と」は「〜たら」と違って、後件に意志、命令、依頼などの表現がこない。

？春になると、旅行に行こうと思います。

春になったら、旅行に行こうと思います。

「と」への接続の仕方

動詞／い形容詞／な形容詞／名詞
普通形現在　　＋　と

例　このボタンを押すと、開きます。

野菜を食べないと、病気になります。

指導する際に注意する事項

「と」は、前件と後件の因果関係が強いので、自然現象から導入するとわかりやすい。

質問文は、「〜と、どうしますか」ではなく、「〜と、どうなりますか」にすると、後件に意志表現が入る余地がなくなってよい。

【指導例】

〈基礎練習〉

① 後件を続けさせて、文を完成させる。

T：冬になります。どうなりますか。冬になると、どうなりますか。

S_1：冬になると、寒くなります。

S_2：冬になると、雪が降ります。

② 丁寧体のキューから「と」の前の形を普通形に直させ、後件を続けさせる。

T：夏になります。夏に……。

S_3：夏になると、暑くなります。

③ 「たくさん食べます」「勉強しません」など、自然現象でないものにもキューを広げていく。

T：たくさん食べます。どうなりますか。

S：たくさん食べると、太ります。

・「と」を使った場面に実用的な道案内の場面がある。この場合、例えば「この道を100メートルぐらい行くと、右側にあります」のように、後件に意志表現が来ることがないので、学習者の誤用も少なく、かつ、非常に有益な場面での使用が学習できる。

〈会話練習〉

A：あのーすみません。M銀行はどこでしょうか。

B：M銀行ですか。あの交差点を右へ曲がると、左側にあります。

A：右へ曲がって、左側ですね。

Ｂ：そうです。

Ａ：どうも。

Ｂ：いいえ。

コミュニケーション能力をつける練習として、地図を使ったインフォメーション・ギャップ（information gap）に基づく練習をするとよい。学習者どうし２人１組になり、情報のギャップのある同じ地図をもって、お互いに自分の地図にない場所への行き方を聞きあう。

注：インフォーメーションギャップ：（二人以上のコミュニケーションにおいて）会話に関与している人の一部にしか情報が与えられていない状況である。このような情報のギャップがないと、教室活動や練習が機械的で実際のコミュニケーションの状況からかけ離れた不自然なものになる（Johnson, K. 1982）。

10.14.3 「～たら」

仮定形「たら形」の作り方は表12に示す。

表12　仮定形「たら形」の作り方

動詞	過去形＋ら	降る	降った＋ら	降ったら
い形容詞		安い	安かった＋ら	安かったら
な形容詞		暇	暇だった＋ら	暇だったら
名詞		病気	病気だった＋ら	病気だったら

用法

本来的には、前件と後件のつながりが個別的、一回的用法である。口語的で後件に制約がなく、どんな文でも使えるので、使用範囲が広い。

否定形も同じルールに従う。　　過去形＋ら

降らない　→　降らなかったら

指導する際に注意する事項

後件に自由に意志、命令、依頼、願望表現が使えるので、「～たら、何をしようと思いますか。／何がしたいですか。」などと質問することができる。

【指導例】

〈基礎応答練習〉

一億円あったら、どうしますか。なにがしたいですか。

週末忙しくなかったら、なにをしますか。　　など

・仮定表現だけでなく、既定表現もある。

９時になったら、来てください。

田舎に行ったら、星がきれいだった。　など

・初級では、学習者が「～ば」「なら」「と」「～たら」のどれを使えばよいのか迷ったら、用法が広く、制約の少ない「～たら」を使うように指導しておけば間違いがない。

ただし、「なら」で動詞に接続する場合には、「～たら」に置き換えられない。

試験を受けるなら、一生懸命勉強しなければなりません。

？試験を受けたら、一生懸命勉強しなければなりません。

「～たら」は、必ず前件の動作が後件の動作に先行しなければならないからである。

したがって、学習者の使用の複雑さを避けるため、初級のうちでは、上記のような「動詞＋なら」は扱っていない教科書が多く、中級での指導事項になっている。

10.15　自動詞、他動詞

一般的に助詞「が」を取るものを自動詞、助詞「を」を取るものを他動詞とする。

ここでは、形が対になっている自動詞と他動詞、および、状態を表す「自動詞＋ている」、「他動詞＋てある」を扱う。

10.15.1　形が対になっている自動詞と他動詞

自動詞、他動詞の形の違い、意味の違い、指導する際の注意点の順で説明する。

形の違い

表13は自動詞、他動詞が対になっているもので、初級で取り上げるものの例である。

日本人母語話者は、動詞が自動詞か他動詞かは、助詞を付けることによりすぐわかる。しかし、外国人学習者は、その動詞が助詞「が」を取るのか、助詞「を」をとるのかわからない。したがって、まず、動詞の語形から自動詞、他動詞を区別しようとするが、語形から区別できる簡単なルールはない。一つ一つ、自動詞か、他動詞かは助詞を伴った用法で語彙として覚えていか

表13　対になる自動詞と他動詞の例

自動詞			他動詞		
窓	が	あく	窓	を	あける
		しまる			しめる
電気	が	つく	電気	を	つける
		きえる			けす
水	が	出る	水	を	出す
風呂	が	わく	風呂	を	わかす
ビール	が	冷える	ビール	を	冷やす
スープ	が	温まる	スープ	を	温める
予定	が	決まる	予定	を	決める
車	が	止まる	車	を	止める

なければならない。したがって、特にペアーになっている自動詞、他動詞は外国人学習者にとって記憶の負担が大きく、定着しにくい項目の一つである。

意味の違い

・自動詞　例「あく」

窓があく　　窓を開ける動作者が意識されていないか、存在しない。

学習者に理解させるためには「風で窓が開く」のような意識的に「あける」動作をする動作者がいない場面（自然に窓が開くか、自動的に開く）がわかりやすい。

・他動詞　例「あける」

窓をあける　窓を開ける動作者が意識されているか、存在する。

誰かが　窓をあける

指導する際に注意する事項

【指導例】

〈基礎練習〉

「開く」と「開ける」のような自動詞、他動詞の意味の違いが理解できたら、助詞「が」「を」の後に自動詞、他動詞が出てくるような練習で形の定着を図るとよい。

（絵カードを見せながら、助詞「が」「を」の後を言わせる。）

T：ドアが……

S：あく　　ドアがあく。

T：（絵カードに人の絵をつけて）ドアを……

S：あける　ドアをあける。

10.15.2　自動詞＋ている／他動詞＋てある

用法

動作、作用の結果の存続、つまり、どちらも状態を表す。

例　自動詞「あく」　あいている　「窓　が　あいています」
　　他動詞「あける」　あけてある　「窓　が　あけてあります」

・「あいている」「あけてある」の相違点

違いは、自動詞、他動詞の意味の違いに由来する。

（自動詞）て　いる 窓が　あいています	（他動詞）て　ある 窓が　あけてあります
単なる状態 （風で）窓が　あきます ↓ 窓が　あきました ↓ 窓が　**あいています**	状態は同じであるが、「開けてあります」は窓を開けた動作主を暗示 （誰かが）　窓をあけます ↓ （誰かが）　窓を　あけました ↓ 窓が　**あけてあります**

・他動詞の場合、助詞の変化にも注意が必要

（自動詞）窓　が　あきます ↓ 窓　が　あいています	（他動詞）　窓　を　あけます ↓ 窓　**が**　あけてあります

指導する際に注意する事項

【指導例】

〈基礎練習〉

形の練習として、動詞の「て形」を確認しておく。それから自動詞には「いる」、他動詞には「ある」をつける練習をする。

自　あく　→ あいて　→ あいている　→ ドアが　あいています
他　あける → あけて　→ あけてある　→ ドアが　あけてあります
自　しまる → しまって → しまっている → ドアが　しまっています

他　しめる → しめて　→ しめてある　→ ドアが　しめてあります

〈会話練習〉

① 「(自動詞) ている」は、単なる状態なので、教室内の状態や絵・写真の中の事物の状態を聞くことによって質疑応答の会話練習ができる。

T：窓があいていますか。

S：いいえ、あいていません。

T：しまっていますか。

S：はい、しまっています。

② 「(他動詞) てある」は、状態でも何かの目的のために動作された結果を確認する状況設定で練習する。(準備ができているパーティ会場の絵を提示)

T：友達の誕生パーティがあります。
　どんな準備がしてありますか。

S_1：料理がならべてあります。

S_2：テーブルの上に花が飾ってあります。　など

10.16　授受表現

授受表現は、日本語教育で「やりもらい」と言われている表現で、授受動詞を用いる。

日本語の授受動詞は、話し手、主語、授け手と受け手の上下関係の3要素により表14のように3系列に分類される。

表14　3系列の授受動詞

(1)	あげる、さしあげる、やる
(2)	もらう　いただく
(3)	くれる　くださる

日本語の授受表現は、このように待遇表現の一種であるため、適切な使用には、日本社会の人間関係における「上下関係」「親疎関係」の知識、把握が要求される。このため、 そのような理解が可能な初級後半で指導される。
・授受関係は、物の授受と行為の授受に分けられる。

1)	**物の授受**	Nを	授受動詞
2)	**行為の授受**	Vて	授受動詞

本を　あげます。
本を　貸してあげます。

2)の行為の授受表現は、行為を通しての恩恵の授受を表すので、自分に向けられた行為を恩恵と捉える発想が理解できないと、言語的知識の習得だけでは、使いこなせない。例えば、「先生が教えましたので、よくわかりました。」ではなく、「先生が教えてくださったので、よくわかりました。」という表現が使えるには、「教える」という行為を単なる行為として客観的に捉えるのではなく、そこに、恩恵、好意・親切、感謝の気持ちを受け取る発想、意識が必要である。

まず、物の授受で上記の3系列の授受動詞をみてみる。そのあとで、行為の授受について述べる。

10.16.1　物の授受

1)　あげる、さしあげる、やる

文型

(授け手) は／が (受け手) に　～を　あげる／さしあげる／やる

授け手と受け手の関係により使い分ける。

受け手が目上	さしあげる
受け手が同等	あげる
受け手が目下、動物、植物	やる

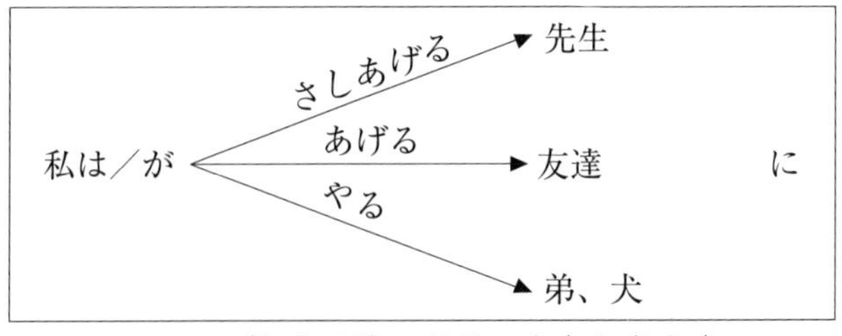

〈矢印は物の移動の方向を表す。〉

例　私は　先生に　花を　　さしあげました。
　　私は　友達に　花を　　あげました。
　　私は　弟に　　ノートを　やりました。
　　私は　犬に　　水を　　やりました。

「あげる」の系列は、授け手は一人称だけでなく二人称、三人称のいずれも取ることができるが、受け手には制限があり、二人称、三人称だけで、一人称をとれない。受け手が一人称の場合は、日本語では「くれる」の系列を使う。

田中さんが　あなたに　本を　あげました。
田中さんが　山田さんに　本を　あげました。
？田中さんが　私に　本を　あげました。

最近、本来「やる」が使われた受け手に、「あげる」が使われれる傾向にある。特に、女性にこの傾向が強い。

毎朝、（私は）花に　水を　あげます。

2)　もらう、いただく

文型

（受け手）は／が　（授け手）に／から　～を　もらう／いただく

授け手が目上　　　いただく
授け手が同等、目下　もらう

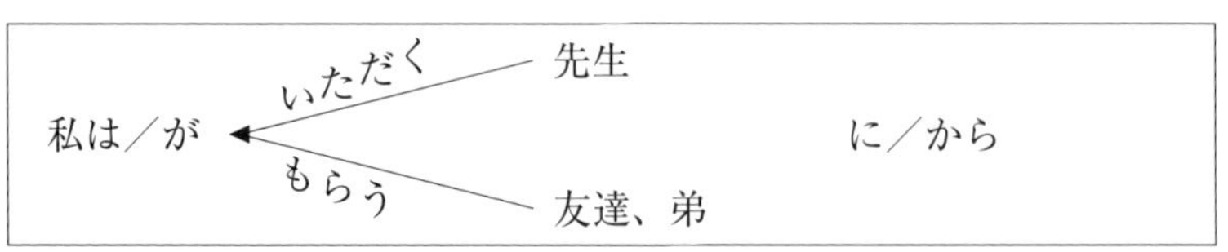

例　私は　先生に　辞書を　いただきました。

　　私は　友達に　花を　もらいました。

・受け手が主語になる。

3)　くれる、くださる

文型

（授け手）は／が　（私）に　～を　くれる／くださる

　　授け手が目上　　　　くださる

　　授け手が同等、目下　くれる

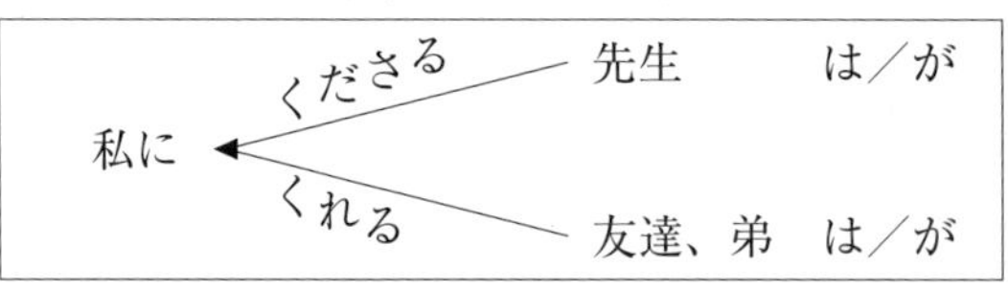

例　先生が　私に　辞書を　くださいました。

　　友達が　私に　花を　くれました。

・授け手が主語で、受け手に「私」または、「私の家族」がくるとき、「くれる」を使う。

・受け手の「私」が省略されることが多い。

・「くれる」と「もらう」は、物の授受が同じ方向を示す。「くれる」を使うか、「もらう」を使うかは、話し手の視点による。

　　友達が　くれました。

　　友達に　もらいました。

指導する際に注意する事項

「あげる、もらう、くれる」を同時に比較指導しないで、「あげる」「もらう」「くれる」の系列ごとに指導し、最後に系列を混ぜて練習したほうが、混乱が少ない。

「くれる」の系列の授受動詞が、一番学習者にはわかりにくい。なぜなら、視点が「私」に移っていることと、英語では「くれる」「あげる」の区別がなく、どちらも 'to give' 一つで済むからである。

【指導例】

〈導入〉「くれる」

同等、身内のいろいろな人から「私に」プレゼントが集中する場面を設定するとわかりやすい。

例　（絵カードなどで誕生日パーティで私にみんながプレゼントをくれる場面）

昨日、私の誕生日でした。太郎さんが私に花をくれました。花子さんは私にスカーフをくれました。母は私にブラウスをくれました。……

・「くれる」の概念が理解できたら、クラス内で実際に物の授受をし、受け手の学習者に「～さんが　私に　～をくれました。」を言わせる。

・「くれる」「くださる」が十分使えるようになったら、受け手を主語として「もらう」を導入すると混乱しにくい。物の授受方向は私のほうで同じである。

「くれる」は授け手が主語になる。「もらう」は受け手の私が主語で授け手は助詞「に」をとる。

友達が（私に）映画のチケットを　くれました。

（私は）友達に　映画のチケットを　もらいました。

10.16.2　行為の授受

物の授受で、授受動詞の用法を習得していれば、行為の場合も授受動詞の用法は基本的に同じである。

行為の授受は、前述したように単なる行為の授受でなく、**恩恵や好意の授受**としてとらえさせることが大切である。

例えば、「教科書を忘れ、友達が私に教科書を見せた」状況の行為は、単に「友達が（私に）教科書を見せました」という事実描写的捉え方をするのではなく、恩恵、好意の授受の観点から「友達が（私に）教科書を見せてくれました」または、「（私は）友達に教科書を見せてもらいました」となる。

行為の授受表現は、事実を客観的に見るものの見方をする外国人学習者には習得がむずかしい項目である。

授受動詞への接続の仕方

動詞「て形」＋　あげる、やる
　　　　　　　　もらう、いただく
　　　　　　　　くれる、くださる

例　①私は　友達に　傘を　貸してあげました。
　　　私　→　友達　（矢印は行為の移動の方向を示す。）
　　　　（傘を貸す）

　　②私は　友達に　傘を　貸してもらいました。
　　　友達が（私に）傘を　貸してくれました。
　　　私　←　友達
　　　　（傘を貸す）

指導する際に注意する事項

「Ｖて＋授受動詞」が使われている場合、行為の授け手と受け手が誰なのかを質問して確認しておくことが肝要である。助詞に注意しないと、行為の授受の方向を逆に捉えていることがある。

例　スミスさんはリーさんに傘を貸してもらいました。
　　　誰が傘を貸しましたか。
　　　誰に傘を貸しましたか。
　　　誰が傘を借りましたか。

・「Ｖてさしあげる」は、文法的に間違いではないが、押し付けがましい表現になるので、「おVする」の謙譲表現を代わりに使う。

例　私は先生に傘を貸してさしあげました。

貸してさしあげました　→　お貸ししました

・「Vてくださる」「Vていただく」も「Vてくれる」「Vてもらう」と同様に、話し手の視点が行為の授け手にあるのか、受け手にあるのかで異なる。

例　先生が（私に）日本語を教えてくださいました。

（私は）先生に日本語を教えていただきました。

10.17　使役表現

使役は、本来、相手にある動作を命令または要求し、その通り実行させる意味を表す。この表現には強制が伴うため、命じる人と命じられる人の間には、目上、目下などのはっきりした強制の力の差がある。使役形の作り方は表15に示す。

表15　使役形の作り方

u verbs （五段動詞）	-u　→　-a せる 書く　→　書かせる　書かせます
る verbs （一段動詞）	る　→　させる 食べる　→　食べさせる　食べさせます
irregular verbs （不規則動詞）	する　→　させる　させます くる　→　こさせる　こさせます

・「u verbs」（五段動詞）の使役形は否定の「ない形」を導いて、「書かない」の「ない」のかわりに「せる」をつける。

・使役形は、「書かせる」「食べさせる」で「る verbs」（一段動詞）の活用をする。

書かせる　　　　書かせます

書かせない	書かせません
書かせた	書かせました
書かせなかった	書かせませんでした

文型

（命じる人）が　（命じられる人）に／を　Vせる／させる

・使役文の実際の動作の仕手は、「に格」「を格」を取る命じられる人である。

例　お母さんが　子供に　にんじんを　食べさせました。
　　　　　　　　　　　にんじんを食べたのは子供
　　お母さんは　子供を　水泳教室へ　行かせました。
　　　　　　　　　　　水泳教室へ行ったのは子供

通常、動作文では、は／が格が動作主になるが、使役文では動作者は「に格」または「を格」を取るので注意。

・命じる人と命じられる人の間に行動の強制力に差がない場合には、使役文は使えない。その際には、授受動詞の「Vてもらう」を用いるのが普通である。

お母さんは　子供に　手伝わせました。（使役文）
私は　友達に　手伝ってもらいました。（Vてもらう文）

・使役文　動詞の他動詞か自動詞かで命じられる人、つまり、実際の動作者がとる助詞が違ってくる。

他動詞	先生は	学生に	作文を　書かせました。
自動詞	先生は	学生を	休ませました。
	お母さんは	子供を	お使いに行かせました。

・使役形単独の言い切り文は、相手に動作の強制をするため実際生活での使用範囲は限られる。しかし、以下のように、使役形に依頼表現や授受動詞などを後続させる形で、非常に丁寧な表現になる場合があり、コミュニケーションを円滑にする用法として、よく使われる。

①　使役形＋依頼表現

させて＋ください

例　私にさせてください。

②　使役形＋授受動詞

させて＋いただく／もらう

相手（目上）の許可をもらう表現としては、大変丁寧な表現になる。

例　明日、休ませていただきたいんですが……。

今日、早く帰らせてもらえませんか。

③　使役＋受身

させ＋られる

例　子供の時、よく家の手伝いをさせられました。

指導する際に注意する事項

・言い切りの使役文の練習は、動作の強制が起こる場面設定が必要なので、親と子、教師と学生などに限られる。

・本来的な使役用法の練習後に、機能的で、コミュニケーション上有効な表現「させていただく／させてもらう」などをいろいろな場面で使えるように練習するとよい。

・使役文のように、新しい使役という概念、新しい使役形の活用、自動詞／他動詞による助詞の使い分けと、一つの文法項目にいくつかの新しい学習要素を含む場合は、一度にすべてに焦点を当てて練習せずに

「概念（意味）→形（活用）→用法」

とステップを細かくして、指導するように心がけるとよい。十分な理解と基礎的な練習がなされていないと学習者に混乱が生じ、誤用が生じる。また、実際に使いこなすための応用練習などが円滑に運ばなくなる。

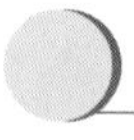

10.18　受身表現

受身は、文の主語が他から動作や作用を受け影響を被る意味を表す。動作の仕手から動作の受け手に話者の視点が移動した表現である。受身表現は、このように事態の見方に関係があり、話者が動作者側から事態を見るのではなく、動作の受け手から見る表現である。

たとえば、「電車の中で財布を盗まれた」場合、日本語母語話者は当然のように自分に関係することであるから、受身形を使用する。しかし、同じ事態でも、英語話者は動作者から事態を眺め “Someone stole my wallet.”（誰かが私の財布を盗んだ）と表現する。一方、日本語では、動作の受け手から事態を見る傾向にあり、受身文で表現する。

1)　日本語の受身の特徴

日本語の受身には、以下の特徴がある。

(1)　主語は有情物が原則

通常、日本語の受身は、英語のように「リーさんの財布は泥棒にとられました。」と無情物を主語にせず、「リーさんは泥棒に財布を盗られました。」と持ち主のような有情物を主語にする。

(2)　他動詞だけでなく自動詞も受身になる。

昨日、雨に降られました。

(3)　受身に迷惑の意味が生じることがある。

母に日記を読まれました。

夜、子供に泣かれました。

受身を使用することによって、迷惑、困ったなどの意味が通じる。

「夜、子供が泣きました。」は客観的な事実表現であり、聞き手は「ああ、そうでしたか。」と受けるであろう。しかし、「夜、子供に泣かれました。」の場合、聞き手は受身表現に困ったという意味を受け取り、「そうですか。大変でしたね。」とか「それでは、あまり寝られませんでしたね。」とか答える。日本語の受身は、このように、単なる受け手からの表現というのではなく、聞き手に共感を誘う表現でもある。日本語のコミュニケーションは水谷（1993,1995）によると、話し手と聞き手の「共話」で、ともに会話を作っていくという。「共話」が成り立つには、話し手と聞き手の間に事態に対する共感があるのではないだろうか。

2)　受身文

動詞の受身形の作り方は表16に示す。

表16　受身形の作り方

u verbs （五段動詞）	-u 書く	→ →	-a れる 書かれる	 書かれます
る verbs （一段動詞）	る 食べる	→ →	られる 食べられる	 食べられます
irregular verbs （不規則動詞）	する くる	→ →	される こられる	されます こられます

受身形は「る verebs」（一段動詞）の活用をする。

書かれる　　　　書かれます

書かれない　　　書かれません

書かれた　　　　書かれました

書かれなかった　書かれませんでした

・「る verbs」（一段動詞）の受身形と「irregular verbs」（不規則動詞）の「来る」の受身形は、可能形と同形である。

食べられる　（受身形、可能形）

こられる　　（受身形、可能形）

受身形と可能形の区別は助詞で見わけることができる。

田中さんは　ワニ**が**　食べられます。(可能形)

田中さんは　ワニ**に**　食べられます。(受身形)

文型1

先生は　リーさんを　ほめました。(能動文)

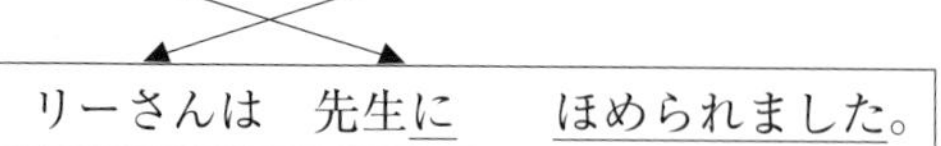

リーさんは　先生に　ほめられました。

英語の受身と同じで、動作・作用の受け手(目的語)が文の主語になる。動作の仕手は「に格」をとる。いわゆる直接受身文である。

文型2

身体の部分や所有物が動作・作用の受け手の場合、その所有者が主語になる。いわゆる間接受身である。

① 身体の部分の場合

田中さんは　私の足を　ふみました。

？私の足は　田中さんに　ふまれました。

私は　田中さんに　足を　ふまれました。

② 所有物の場合

子供が　私の時計を　こわしました。

私は　子供に　時計を　こわされました。

文型3

通常、迷惑・被害の受身(suffering passive)と呼ばれる受身文である。自動詞も受け身になる。ある事象を迷惑や被害の視点から捉えるこの種の受身は、最も日本語らしい受身と言えよう。迷惑または被害を被った者が主語になる。

昨日　雨が　降りました。

私は	昨日　雨に	降られました。
(被害者)		

文型４

無情物が主語になる受身である。動作者より事柄が重視される場合である。翻訳調の日本語であるが、最近増加している。

(A建設会社が)　この建物を　去年　たてました。

この建物は	去年	たてられました。
小麦は	アメリカから	輸入されます。

指導する際に注意する事項

・受身は、文型１のように、動作者と動作の受け手が人物のように動作の仕手と受け手がはっきりしている設定の文型から導入すると、動作の受け手に視点を移して、受け手から見た表現であることを理解させやすい。単なる目的語を主語にするという機械的な理解では、受け身の概念、意味がわからない。

・文型１で受身の概念、受身形、助詞について指導してから、文型２、文型３、文型４へと移る。特に迷惑の受身は、日本的な発想に基づいているので、十分時間をかけて使えるようになるまで練習する必要がある。

・受身文は、動作者が「は／が」の主格を取らずに「に格」をとるので、学習者が動作者と動作の受け手を正しくとらえているか確認しておくことが大切である。

例　山田さんは　田中さんに　手紙を　読まれました。

誰が誰の手紙を読みましたか。

【指導例】

迷惑の受身の場合

〈導入〉

迷惑を受けたり、困ったときの場面をいくつか設定する。状況を絵カードなどで示し、受け身を使うことを理解させる。被害者側の発想であることに注意させる。

例　昨日田中さんは友達の結婚式があったので、着物を着て出かけました。
　　でも、途中で雨が降ってきました。
　　傘を持っていなかったので、濡れてしまいました。とても困りました。
　　（受身文で言い換えて）
　　⑴　昨日、田中さんは　雨に降られて、困りました。
　　⑵　昨日、田中さんは　雨に降られました。

⑵の文のように、「困った」と表現しなくても、被害を受け、困ったことが伝わる。

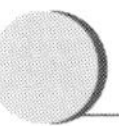

10.19　使役受身表現

使役文の受身で、使役文の命じられて動作をする側からの表現である。

使役受身文

文型

お母さんが　子供に　にんじんを　食べさせます。（使役文）

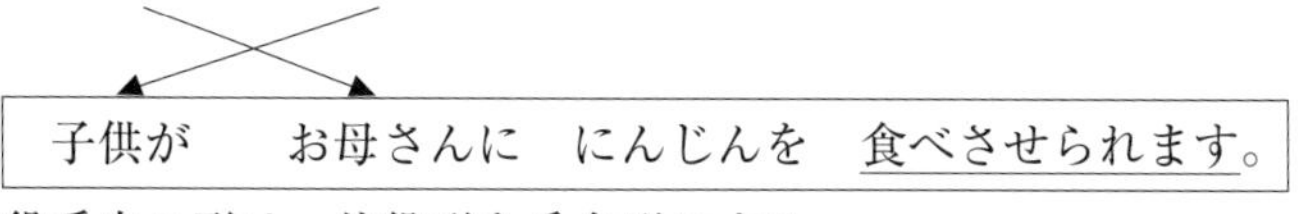

子供が　お母さんに　にんじんを　食べさせられます。

使役受身の形は、使役形を受身形にする。

使役形		使役受身形
-a せる／させる	→	-a せられる／させられる
書かせる		書かせられる
食べさせる		食べさせられる

＊その他に「される」も使われる。書かされる

・使役受身文では、使役文や受身文と違って、動作者が文の主語になる。

上記文型の例では、「にんじんを食べる」動作者の「子供」が主語になるので、わかりやすい。ただし、使役受身文が単なる動作文と違うのは、命じられての行為であるという点である。

(1)　子供が　　にんじんを　食べます。

(2)　子供が　　にんじんを　食べさせられます。

(2)は(1)と子供がにんじんを食べる行為では同じであるが、誰かに命じられて食べるという行為をしている。

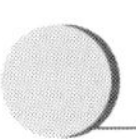

10.20　敬語表現

話し手または書き手が相手や話題の人物に対して敬意を表す言語表現である。日本語の敬意の表し方は、通常、尊敬語、謙譲語、丁寧語の3種にわけられる。敬語の適切な使い分けは、日本語話者でも必ずしもやさしいものではない。使い分けは話者がどのように相手や話題の人物をみているかを表し、その使い分けに関わる要因が目上、親疎だけではなく複雑に要因がからむからである。日本語教育では、初級の最後の課などで取り上げられることが多い。ここでは、基本的な文末表現の尊敬語と謙譲語を扱う。

10.20.1　尊敬語

尊敬語は相手や話題の人物の行為に対する敬意で表されるため、主語には行為を行う相手や話題の人物がくる。尊敬をあらわす文型として、「おVになる」「Vれる／られる」「特別な動詞表現」がある。

1)　「おVになる」

帰る　→　帰ります　　→　お帰りになる

例　部長は　もう　お帰りになりました。

明日、お出かけになりますか。

2)「Vれる／られる」

受身形と同じ動詞の活用である。

例　この資料、もう読まれましたか。

時々、皇族の方が通られます。

受身形と同じ活用であるが、尊敬の場合、主語は行為の仕手がくる。受身の場合は行為の仕手は「に格」をとる。

私は、日記を　母に　読まれました。(受身)

3)　特別な動詞尊敬語表現

日本語には、特別な動詞の敬語があり、よく使用される。

普通語		敬語
来る、行く、いる	→	いらっしゃる
する	→	なさる
言う	→	おっしゃる
食べる、飲む	→	めしあがる
見る	→	ご覧になる

尊敬語は、前述したように適切な使用は必ずしもやさしいとは言えない。尊敬語で大事なことは、聞き分けて、適切な形の応答をすることである。既習の日本語の文型はいずれも、質問をよくきいていれば、動詞の語形はそのまま使用できた。

例　毎朝　ジョッギングをしますか。　はい、します。

納豆は食べられますか。　　　いいえ、食べられません。

しかし、尊敬語の場合は、そのまま使用できない。つまり、敬意を表している表現をそのまま、自分の行為の答えに使用できないのである。

例　いつ、日本に　いらっしゃいましたか。

？去年、いらっしゃいました。

去年　きました。

明日、お出かけになりますか。

？はい、お出かけになります。

はい、出かけます。

・尊敬語は、使用がむずかしいから、初級の指導事項から削除したほうが学習者の負担が少なくてよいとの考えもあるが、成人の日常生活では、普通に、初対面や親しくない人には使用される。したがって、学習者が使用しなくても、敬語を理解する必要はあり、答え方は敬語でなく、もとの動詞の「ます形」、例えば「いらっしゃいましたか」には「来ました」、「お出かけになりますか」には「出かけます」で答えることを習得することは、初級の基本的な日常会話ができるレベルとしては、コミュニケーション上必要である。

・練習としては、会話応答練習で、応答の練習に重点を置いてすれば、使用の誤用は防げるし、成人の日本語での会話として、十分である。
初級のレベルでの質問としては、学習者が「アメリカにいらっしゃったことがありますか。」と言えなくても「アメリカに行ったことがありますか。」で十分丁寧である。

10.20.2　謙譲語

相手や話題の人物への敬意を表す方法として、相手の行為に敬意を表すのではなく、自分の行為を下げる表現で相手への敬意を表すのが謙譲語である。表現文型としては「おVする」「特別な謙譲表現」がある。

1)「おVする」

持つ　→　持ちます　→　お持ちします

例　お荷物　お持ちしましょう。

タクシーを　お呼びしましょうか。

行為の主語は、自分である。自分の行為を下げた表現を使用し、相手への敬意を表す。

2)　特別な動詞謙譲表現

いう　→　もうす

知っている　→　存じている

いく　→　うかがう

くる　→　まいる

このような謙譲表現は、初級学習者には特に使用の習得は必要ないが、理解をしておく必要はある。また、ビジネスでの日本語が目的の学習者には、初対面での名刺交換で

「ABC社のスミスと申します。どうぞよろしくお願いします」は、そのほかが英語でも、謙譲の表現での日本語での応対は好ましい印象を与えると思われる。

・尊敬語、謙譲語は文末の動詞だけでなく、そのほか一緒に使用される共起語彙も同等の丁寧さが要求されるため、十分に使いこなせるようになるのは、上級レベルにならないと習得が困難な表現項目である。

以上、第Ⅱ部では、外国語話者への日本語の指導法について、学習者の習得の観点から具体的にどのように指導したらよいか、留意点、導入法、練習法などについて詳述した。日本語を学びたいとする外国人は、日本の大学、専門学校への進学目的、ビジネス目的だけでなく短期技術研修、看護・介護場面での日本語習得など、多様化している。いずれの目的であっても、本書で取り上げた外国語としての日本語の知識、その指導法などへの理解が、これから外国人学習者に日本語を指導する、特に日本語母語話者に役立つであろう。

参考文献

庵功雄（2012）『新しい日本語入門：ことばのしくみを考える　第２版』スリーエーネットワーク

池上嘉彦（1983）「テクストとテクストの構造」国立国語研究所『談話の研究と教育Ⅰ』大蔵省印刷局

池上嘉彦・守屋三千代編著（2009）『自然な日本語を教えるために：認知言語学をふまえて』ひつじ書房

石橋玲子（1993）『日本語教師をめざす人の日本語教授法入門』凡人社

井出祥子（2006）『わきまえの語用論』大修館書店

奥川育子（2007）「語りの談話における視点と実態把握」『筑波応用言語学研究』14, 31-43.

郭恬・徳井厚子（2010）「中国人学習者の日本語複合動詞に関する意識・習得調査」『信州大学教育学部研究論集』２，73-86.

影山太郎（1993）『文法と語形成』ひつじ書房

影山太郎（2013）「語彙的複合動詞の新体系」影山太郎編『複合動詞研究の最先端：謎の解明に向けて』(3-46）ひつじ書房

蒲谷宏（2005）「『待遇コミュニケーション』という捉え方」日本語・日本語教育を研究する　第26回　国際交流基金

姜銀貞（2014）「複合動詞『～出す』の習得—韓国人日本語学習者の文産出の運用について—」『昭和女子大学大学院言語教育・コミュニケーション研究』９，77-91.

姜銀貞（2015）「日本語母語話者と韓国人日本語学習者における複合動詞『～出す』と名詞の共起性の産出傾向—複合動詞データベースに基づいて—」『昭和女子大学大学院言語教育・コミュニケーション研究』10, 49-60.

金慶珠（2001）「談話構成における母語話者と学習者の視点—日韓両言語における主語と動詞の用い方を中心に—」『日本語教育』109, 60-90.

久野暲（1978）『談話の文法』大修館書店

小森由里（2015）「日本語教科書における複合動詞—立教大学文法教科書の分析—」『日本語教育実践研究』立教日本語教育実践学会２，55-67.

佐伯胖（1978）『イメージ化による知識と学習』東洋館出版社

谷内美智子・小森和子（2009）「第二言語の未知語の意味推測における文脈の効果—語彙的複合動詞を対象に—」『日本語教育』142, 113-122.

陳曦（2011）「学習者と母語話者における日本語複合動詞の使用状況の比較—コーパスによるアプローチ—」『日本語科学』22, 79-99.

寺田裕子（2001）「日本語の二類の複合動詞の習得」『日本語教育』109，79-99.
中島和子（2007）「テーマ『ダブルリミテッド・一時的セミリンガル現象を考える』について」『母語・継承語・バイリンガル教育（MHB）研究』３，1-6.
日本音声学会編（1976）『音声学大辞典』三修社
日本語教育学会編（2005）『新版日本語教育事典』大修館書店
Nhung, Le Cam（2016）『ベトナム人日本語学習者の産出文章に見られる視点の表し方及びその指導法に関する研究―学習者の〈気づき〉を重視する指導法を中心に―』昭和女子大学博士論文（未公刊）
姫野昌子（1999）『複合動詞の構造と意味用法』ひつじ書房
藤井洋子（2005）「*骨をこわす vs. break the bone －認知カテゴリーと文法項目のタイポロジー」井出祥子・平賀正子編『講座社会言語科学第１巻　異文化コミュニケーション』（156-169）ひつじ書房
本多啓（2009）「6.2『カリンちゃんと傘』の英語訳から見えてくるもの」（177-182）池上嘉彦・守屋三千代編著『自然な日本語を教えるために：認知言語学をふまえて』ひつじ書房
松田文子（2004）『日本語複合動詞の習得研究―認知意味論による意味分析を通して―』ひつじ書房
松村明編（2006）『大辞林　第３版』三省堂
三上章（1953）『現代語法序説』くろしお出版から再販（1972）
三上章（1970）「コソアド抄」『文法小論集』くろしお出版
水谷信子（1993）「『共話』から『対話』へ」『日本語学』12(4)，4-10.
水谷信子（1995）「日本人とディベート―『共話』と対話―」『日本語学』14(6)，4-12.
森田良行（1978）「日本語の複合動詞について」『講座日本語教育』14，69-86.
山岡政紀・牧原功・小野正樹（2010）『コミュニケーションと配慮表現―日本語語用論入門』明治書院
Clancy, P.(1986) The acquisition of communicative style in Japan, In B. B. Schieffelin, & E. Ochs (Eds.), *Language socialization across cultures* (pp. 213-250). Cambridge University Press.
Cummins, J. (1984) *Bilingualism and special education: Issues in assessment and pedagogy,* Clevedon Avon：Multilingual Matters.
Everett, D, L. (2008) *Don't sleep, There are snakes: Life and Language in the Amazonian Jungle.* Pantheon Books, a division of Rondom House, Inc., New York and in Canada by House of Canada Limited.（尾城道子訳（2012）『ピタハン：「言語本

能」を超える文化と世界観』みすず書房）

Johnson, K. (1982) *Communicative syllabus design and methodology,* Oxford : Pergamon.

Rivers, W. M. (1981) *Teaching Foreign Language skills 2nd edition,* University of Chicago Press.

参考日本語教科書

水谷修・水谷信子（1977）『An Introduction to Modern Japanese』The Japan Times.

文化外国語専門学校（2013）『文化初級日本語Ⅰ　改訂版』凡人社

『みんなの日本語初級Ⅰ、Ⅱ　第２版』（2012）スリーエーネットワーク

『日本語初歩　改訂版』（1988）国際交流基金日本語国際センター

河原崎幹夫（1978）『日本語かな入門』国際交流基金日本語国際センター

あとがき

本書では、日本語を母語として自由に扱える日本語母語話者を対象に、外国語としての日本語及び外国人学習者への日本語の指導について記述した。日本語母語話者が、自由に日本語が使えるのは、子供の時からいろいろな場面で多くの日本語に触れ、使用し、無意識に習得したからである。なぜそのように表現するのかなど意識的に学んで習得したものではない。意識せずに使用しているものを指導するのは、実は困難であることに気づいてもらうことが本書の意図でもある。実際に使っていた日本語がそうだったのかと気づいてもらえる点が多ければ著者としてうれしい限りである。

本書は、日本語を学ぶ対象者を外国語母語話者の成人としている。したがって、日本語を学ぶ外国人は母語を持っており、母語のスタイルで音声を認識し、物事を考え、分析、推量することができることを前提としている。第Ⅱ部で文型中心に学習者の負担のないように工夫しているのは、外国人成人の物を考える認知能力に訴えており、認知能力を駆使し日本語を習得してもらうためである。成人はいろいろな場面の自然な会話をそのまま記憶するのは、記憶の負担が大きく効果があがらないからである。しかし、これは、いろいろな場面での練習やタスクが必要でないという意味ではない。言語習得では、スキルとして使用できるようになるには、本書に加えて、多くの場面に触れ、自動的に使用できるまで練習してもらう必要がある。

本書では、外国人の児童生徒などの子どもへの日本語教育には触れることができなかった。日本に仕事に来ている在留外国人が近年急増しているとともに、外国人の子弟も増加し、日本語教育を必要としている児童、生徒の数も増えている。地域でこのような外国人児童、生徒の日本語教育支援にあたろうと考えている読者もおられると思う。これらの児童、生徒たちは、母語がさまざまで、またその母語も場合によっては、自由でない場合が多い。日本生まれもいれば、最近来日したという子供もおり、習得を支援するにはいろいろな要因がからんでいる。問題は日本語でも母語でも学校教育についてくることができない状態—ダブルリミティッド—の子どもたちであろう。話し言葉は数年で上達するため、一見話し言葉に問題がないようなので日本語ができると思われがちだが、学校の教科学習についてくることができない。カナダのバイリンガル研究者のCummins（1984）は言語能力を日常会話言語能力と学習言語能力にわけている。学習言語能力は母語でも外国語でも身につけることができるという。ダブルリミティッドの子どもたちは学習言語能力が低いことになる。この能力の発達には、場合によっては母語での説明も必要である。これらの子どもたちの日本語教育については、バイリンガル研究者の中島（2007）が子供の来日時期や小学校前期、中期、後期、中学校など時期による日本語などの包括的な支援を提案している。

本書では日本語の特徴を網羅しているものではない。日本語を外国人に指導してきた経験と外国人学習者の日本語習得の研究から問題となる特徴を中心に、日本語母語話者が気づかずに使用している項目をとりあげた。特に、「その他の日本語の諸相」で取り上げた項目について、専門的になっている部分もあるため、さらに知りたいと思われる読者は参考文献をみていただきたい。

本書は、初めて日本語を外国人に指導してみたいと考えている人に、日本語母語話者の目からではなく、学ぶ学習者の目から日本語を捉え直してもらうことを目指している。本書で自由に使える日本語がどのような仕組みになっているのか、どのように使っているのかなどに気づき、再認識することにより、母語である日本語を自信をもって、かつ外国人である学習者の学習負担なども考慮した効果のある指導に役立てていただければ幸いである。

最後に、外国語母語話者に外国語としての日本語を指導する日本語教師に就いて35年以上になるが、その間に出会った先輩諸氏、同僚の先生方、指導した外国人学習者から、日本語及び日本語教育について多くの事を考え、研究する機会をいただいた。また、研究に関しては、元お茶の水女子大学大学院の岡崎眸先生、発達心理学の内田伸子先生に師事することができ、学習者を中心とした第二言語習得の観点からの教育及び研究を深化させることができた。本書の執筆、出版にあたり、これらの方々すべてに心より感謝の意を表したい。

著者履歴

石橋　玲子（いしばし　れいこ）

応用言語学者　博士（人文科学）
専門：日本語教育、第二言語習得論
1942年山口県岩国市生まれ
お茶の水女子大学文教育学部教育学科卒業
お茶の水女子大学大学院人文科学研究科修了
お茶の水女子大学大学院人間文化研究科博士後期課程修了
茨城大学留学生センター教授、昭和女子大学大学院特任教授などを歴任

主な著書、論文

『日本語教師をめざす人の日本語教授法入門』凡人社　1993
『第２言語習得における第１言語の関与―日本語学習者の作文産出から―』
　風間書房　2002
『多様な日本語母語話者による中上級日本語表現文型例文集』凡人社　2006
『第２言語による作文産出の認知心理学的研究―学習者主体の言語教育のために』風間書房　2012
「第１言語使用が第２言語の作文に及ぼす影響―全体的誤用の観点から」『日本語教育』95号　1997
「日本語学習者の作文におけるモニター能力―産出作文の自己訂正から」『日本語教育』106号　2000　など論文多数

外国語としての日本語とその教授法
―言語への気づきを重視して―

2018年５月20日　初版第１刷発行

著　者　石　橋　玲　子
発行者　風　間　敬　子
発行所　株式会社　風　間　書　房

〒101-0051 東京都千代田区神田神保町1-34
電話03(3291)5729　FAX03(3291)5757
振替00110-5-1853

印刷　藤原印刷　　製本　井上製本所

NDC 分類：810.7

ISBN978-4-7599-2229-5　Printed in Japan